존 리, 새로운 10년의 시작

존 리, 새로운 10년의 시작

1판 1쇄 발행 2023. 2. 13.
1판 4쇄 발행 2024. 8. 9.

지은이 존 리

발행인 박강휘
편집 봉정하 디자인 정윤수 마케팅 윤준원, 박인지 홍보 반재서, 이태린
발행처 김영사

등록 1979년 5월 17일 (제406-2003-036호)
주소 경기도 파주시 문발로 197(문발동) 우편번호 10881
전화 마케팅부 031)955-3100, 편집부 031)955-3200 | 팩스 031)955-3111

값은 뒤표지에 있습니다.

ISBN 978-89-349-5102-5 03320

홈페이지 www.gimmyoung.com 블로그 blog.naver.com/gybook
인스타그램 instagram.com/gimmyoung 이메일 bestbook@gimmyoung.com

좋은 독자가 좋은 책을 만듭니다.
김영사는 독자 여러분의 의견에 항상 귀 기울이고 있습니다.

개인의 경제독립이 금융강국을 만든다

THE BEGINNING OF NEXT 10 YEARS

존 리, 새로운 10년의 시작

존 리 지음

김영사

프롤로그

2022년 여름, 나는 성심껏 일했던 메리츠자산운용과 원하지 않은 이별을 하게 되었다. 그리고 그 시점에서 앞으로 한국에서 10년을 더 일한다고 가정했을 때, 나는 한국과 미국에서 정확히 인생의 절반씩을 살게 되는 흔치 않은 인생의 주인공이 된다.

1980년 처음 한국을 떠난 이후 미국과 한국을 오가며 개인적으로 많은 것을 체험할 수 있었는데, 그 기회를 뒤돌아보면 내 인생은 축복받은 삶이라고 할 수 있다. 한국과 미국, 역동적이면서도 개성이 강한 두 나라의 좋은 면과 아쉬운 면을 두루 경험했기 때문이다. 뉴욕에 있을 때는 전 세계 투자가들을 상대로 한국 투자를 유치하면서 행복과 보람을 느꼈고, 그런 경험을 안고 다시 한국에 돌아와서는 한국 투자가들에게 한국을 더욱 매력적인 주식 시장으로 만들어야 할 필요성을 알리려고 노력했다.

양쪽 문화에서 적응하면서 살다 보면 그 나라의 문화가 만들어진 배경을 알게 되고 자기와 다른 사람들에 대한 이해의 폭이 넓어진다. 한국의 좋은 점을 미처 인식하지 못하다가 미국에서 살다 보면 그걸 새삼스레 깨닫는 경우가 종종 있다.

가장 비근한 예가 아마도 한국의 의료 시스템일 것이다. 한국에서는 안경을 30분 안에 맞출 수 있지만 미국에서는 똑같은 일에 1~2주가 걸린다. 미국에서 의사를 만나려면 미리 예약을 하고 한두 시간 기다리는 것은 당연한 일이다. 하지만 한국에서는 의사를 쉽게 만날 수 있다.

그 밖에도 한국의 좋은 점은 한두 가지가 아니다. 다른 나라에 비해 훨씬 안전하고 편리한 대중교통 수단은 세계 최고 수준이라고 할 수 있다. 가전제품의 AS라든가 생활용품 및 식료품의 온라인 배달 서비스는 한국에 견줄 만한 나라가 없다.

그런데 미국과 비교해서 한국이 크게 뒤떨어지는 두 분야가 있는데 바로 교육제도와 금융에 대한 인식이다. 교육 시스템의 획기적인 변화와 금융산업의 경쟁력을 갖춘다면 한국은 어느 나라도 넘볼 수 없는 문명선진국이 될 것이 틀림없다.

미국에서 주재원으로 근무했던 이들 중 상당수가 한국으로 복귀할 때 자녀들을 미국에 그대로 두고 온다. 그 이유는 우선 자녀들이 돌아가길 원치 않아서이고 또 다른 이유는 미국식 교육에 익숙한 아이들이 한국식 교육을 받은 아이들과의 경쟁에서 뒤떨어질 것을 부모들이 두려워해서라고 한다. 이 말은 부모들 스스로 한국 교육 시스템에 문제가 있다는 것을 이미 인정하고 있다는 의미이기도 하다.

문제가 있다면 개선해야 하는데 이상하게도 어쩔 수 없는 일이라고 당연시하는 인식이 문제를 더 심각하게 만든다. 잘못된 교육제도로 인해 너무나 많은 학생들이 고통을 받고 있는데, 궁극적으로 이것은 한국의 경제적 잠재력을 약화시키고 결국 세계 최악의 저출산율 국가라는 불명예까지 떠안게 만들었다.

우리나라 문화의 경직성과 편견 또한 결코 간과할 수 없는 문제다. 어렸을 때부터 강요받은 무한한 점수 경쟁, 남과 항상 비교하는 문화, 서열 경쟁, 선착순 문화, 지나친 의전 등이 한국의 경직성을 고착화시켰다.

돈에 대한 우리의 인식은 반드시 짚고 넘어가야 할 중요한 주제다. 대부분의 사람들은, 심하게 말하면 돈에 대한 인식 자체가 백지상태와 같다. 돈을 어떻게 벌고 어떻게 저축하고 어디에 투자하는 것이 지혜로운 일인지에 대해 어이없을 정도로 관심도 없고 지식도 없다.

한국은 전 세계가 부러워할 만큼 괄목한 경제성장을 이루었지만 이제부터는 더 높은 수준의 경쟁력이 요구된다. 개개인의 삶 또한 한국의 경제성장에 걸맞게 경제적으로 풍요로워져야 한다.

내가 이 책을 쓰는 이유는 미국과 한국의 양쪽 문화를 경험한 사람으로서 객관적으로 지켜본 나의 조국 한국에서 앞서 언급한 두 가지 문제점, 즉 교육제도 개선과 금융교육 시작이 절실하다고 믿기 때문이다.

다음 세대인 우리 아이들을 행복한 부자로 만들기 위해서는 사회에 전반적으로 퍼져 있는 고정관념과 편견을 하나하나 깨뜨리는 생산적이고 창조적인 파괴가 절실하다. 한국은 고정관념, 편견과의 전쟁을 당장 시작해야 한다. 저출산, 초고령사회, 지방 소멸 등의 위기 앞에서 대한민국은 더 이상 막연한 이론적인 성장이나 발전을 기다릴 만한 시간적 여유가 없다. 과감한 생각의 파괴, 그를 통한 운동과 실천이 당장 필요하다.

목차

3장 금융산업이 대한민국을 살린다

4장 새로운 10년의 시작, 이제 무엇을 할 것인가

"금융이 항상 가까이에 있고,
일상적인 경험으로 다가오는 것은 매우 중요하다."

1장

한국에서의 9년, 주식투자의 중요성을 알리다

주식투자 전도사로 보낸 9년을 돌아보다

2013년 겨울, 내가 꿈꾸던 자산운용회사를 만들기 위해 한국으로 돌아왔다. 그후 정신없이 지낸 9년간의 뜻깊은 여행은 생각하지도 못했던 어이없는 일간지 기사 한 토막으로 중단되고 말았다. 그와 동시에 내가 한국에서 그리고 싶었던 큰 그림이 산산조각이 나게 되었다. 내 꿈이나 포부가 깨진 것 이상으로 내 선의가 왜곡된 것에서 나는 큰 상처를 받았다.

내가 꿈꿨던 계획이 처참하게 훼손된 것은 한 통의 전화에서 시작됐다. 다분히 악의를 품고 있던 기자와 몇 분에 걸쳐 통화를 이어갔다. 그런 뒤 게재된 H일보의 기사(2022.06.18)로 인해 나의 30여 년 금융 전문가로서의 인생이 송두리째 날아갔다. 내가 평생을 두고 쌓아온 평판과 신뢰가 크게 무너진 것이다.

기사 제목부터가 지극히 선동적이었다.

"금융당국 '동학개미운동' 주창자 존 리 대표 불법 투자 의혹 조사."

그 기사는 전혀 사실과 다른, 거짓된 내용임에도 자세한 내용을 모르는 사람들의 분노를 유발하기에 충분할 만큼 선정적이었다. 내가 받은 충격은 마치 핵폭탄을 맞은 것만큼이나 엄청난 것이었다. 밥을 먹을 수가 없었고 매일 악몽에 시달리기까지 했다. 마치 타고 가던 비행기가 추락하는 느낌이었다고 할까.

기자의 의도는 언론의 의무이며 윤리이기도 한 진실을 알리는 데 있기보다 '나라는 개인을 파멸시키는' 데 있는 것 같았다. 그것은 당연히 언론사의 정도와는 거리가 먼 것이었다.

처음부터 존재하지 않은, 나와는 관계가 없는 '차명계좌' '불법 투자' '배임'이라는 끔찍한 단어들이 기사의 행간을 차지하고 있었다.

내가 파렴치하게 아내 계좌를 이용해 불법 투자를 한 것처럼 오도한 기사는 미디어 입장에서는 놓쳐서는 안 될 엄청난 먹잇감이었겠지만 나로선 내 삶이 송두리째 부정당한 기분이 들었다. 갑자기 내 주위의 모든 사람들이 사라지고 안개가 짙게 낀 사막에 홀로 서 있는 느낌이었다. 두렵지 않았다고 말하면 거짓일 것이다. 많은 매체들이 예외를 두지 않고 잔인한 기사를 썼다. 후속 보도라고 낸 H일보의 또 다른 기사는 나의 완전한 파멸을 원하는 것 같았다.

많은 매체들은 나를 큰 범죄를 지은 위선자로 매도했고 나의 설명은 들으려고도 하지 않은 채 오히려 진실이 밝혀지는 것을 불편해했다. 연일 이어지는 기자들의 전화, 심지어 아내에게까지 연락을 해오는 기자들로 인해 일상생활마저 힘들어진 상황이었다. 기자들의 전화는 연일 이어졌다. 빗발치듯, 프라이팬에서 볶아진 콩이 튀듯 전화의 진동음이 울렸고 나는 그때마다 엄청난 스트레스에 시달렸다.

결국 쏟아지는 후속보도와 내부에서 가해지는 억측성 압력으로 인해 9년 동안 심혈을 기울인 메리츠자산운용에서 쫓겨나게 되었다. 특정 언론에서 주장하는 것처럼 잘못을 인정하며 자진사퇴한 것은 아니었다. 가학성을 드러내며 끊임없이 괴롭히는 사람들과 과열된 매스컴으로부터 가능한 한 멀리 떨어져 있고 싶었다. 메리츠자산운용과 이별한 지 6개월 이상의 시간이 지난 지금도 나에게는 '불법투자' '차명계좌' '불명예 퇴진'이라는 수식어가 따라붙는다.

그런데 몇몇 언론은 내가 회사를 떠난 이유를 가지고 새로운 기사를 생산해냈다. "존 리 대표님, 회삿돈을 횡령해서 조사를 받고 계시는 게 맞습니까?" "법인용 휴대폰을 여러 개 만들어서 가족에게 나누어주고 사용하게 했다는데 사실입니까?" 이런 황당하고 무례한 기자들의 질문에는 할 말을 잃었다.

아는 사람은 알겠지만 당시 나는 법인용 휴대폰이 없었다. 그때나 지금이나 내가 개인적으로 가입한 전화를 쓰고 있다. 법인카드 사용 목록은 노후 준비 강연을 위해 지방을 다닐 때 KTX표를 구입한 내역이 대부분이었다. 골프 한 번 접대한 적이 없는 법인카드 내역을 가지고, 단지 제보가 들어왔다는 이유만으로 사실 확인도 없이 기정사실화하는 그들은 내 명예를 흠집 내는 것이 유일한 목표처럼 보였다.

세 명이 짜고 거짓말을 하면 거짓도 진실로 둔갑한다는 의미의 삼인성호三人成虎라는 한자성어가 있다. 꼭 나를 두고 한 말처럼 생각되었다. 거짓말은 메리츠자산운용을 9년 만에 업계에서 브랜드 가치 1등으로 올려놓았던 나를 회사의 신뢰를 떨어뜨린 장본인으로 순식간에 전락시켰다. 의도적으로 던진 담배꽁초 하나가 온 산을 태우는 것과 아주 비슷한 상황이 내게서 일어났다.

거짓으로 나를 쫓아내는 것에는 성공했지만 문제는 피해를 받은 사람이 나 하나로 끝나지 않는다는 데 있었다. 30만 명에 이르는 고객들은 나를 믿고 노후 준비를 시작한 사람들이었다. 특히 나의 명예가 악의적으로 훼손된 것 때문에 내가 지원하던 보육원과 입양원 아이들, 노후 준비가 안 된 선교사분들이 입은 피해는 누가 책임질 것인가. 나는 그것이 괴로웠다.

아무리 성심껏 설명을 해도 모든 사람들을 이해시킬 수는 없었다. "가만히 있어라, 괜히 논란만 더 만들지 말고" "폭풍우는 언젠가 지나가게 되어 있다" 등 사람들은 나에게 그저 조용히 있으라고만 했다. 이런 말들이 나를 무기력하게 만들고, 생각할수록 억울한 마음이 들기도 했다. 더욱더 마음이 아팠던 것은 같은 금융업에 일하는 사람들로부터 쏟아진 비난이다. 전문 지식이 없는 사람들의 비난은 지나칠 수 있지만 동종업계에 종사하는 사람들이 이때다 싶어 비난의 대열에 함께하는 것은 씁쓸한 마음을 넘어 서글프기까지 했다.

다시 기억하고 싶지 않지만 기사가 나온 이후부터의 시간은 나에게 너무나 혹독했다. 계획했던 방송출연은 모두 취소되었고 비즈니스적으로 직간접적 연관이 있는 지인들은 대부분 나와 관련되어 있다는 점에 몹시 부담스러워했다. 평소에도 나를 적대시했던 유튜버들은 이때다 싶어 무차별적인 공격을 해왔다.

하지만 그때 나에게 적대적인 사람들만 있었던 건 아니다. 정말 감동스럽게도 너무나 많은 분들이 위로와 격려를 해주었다. 기사 내용과 무관하게 내가 실행했던 금융교육으로 인해 당신들의 삶에 찾아온 변화에 대해 진심 어린 고마움을 표했다. 지난 9년간 마주했던 많은 분들은 나의 진심을 이해해주는 것 같았다. 그들은 지금 이 순간까지도 수모와 절망의 시간으로부터 내가 버틸 수 있게 해준 분들이다. 이분들의 격려와 응원이 없었다면 아마도 나는 훨씬 더 고통스럽고 괴로운 시간을 보냈을지 모른다. 어쩌면 삶이 회복 불가능할 정도로 망가졌을 수도 있다.

아래의 글은 그 무렵 어떤 분이 나에게 보낸 글이다. 개인적으로 만난 적은 없지만, 책에서 꼭 소개하고 싶어 싣는다.

"유튜브 세상이 오기 전, 저는 서점 한구석에 꽂혀 있던 대표님의 책을 발견하였습니다. 사람들이 좋아할 만한 내용이 아니기에 베스트셀러도 아니기에 그저 한편에 꽂혀 있던 책이었습니다. 그 책의 내용은 쉽고 간단했지만 받아들이기에 어려운 내용이었습니다. 그렇게 대표님의 생각을 접한 뒤 저는 가치 투자를 지향하는 투자자가 되었습니다.

그로부터 몇 년 뒤 유튜브에서 대표님은 큰 인기를 얻으셨고 안 나오는 채널이 없었습니다. '존봉준'이라는 별명도 얻으셨고요. 하지만 저는 몇 년 전과 똑같은 말을 그대로 하시는 대표님이 반가워서 좋았습니다. 대한민국에서 대표님처럼 국민에게 필요한 이야기를 용기 있게 분명하게 말해준 사람은 없었습니다. 사람들의 연약함을 이용해서 돈을 버는 사람들이 판치는 세상에서 대표님의 말씀은 등대였습니다. 그것도 누구나 쉽게 볼 수 있는 곳에 서 있는 등대였습니다.

어떤 기사에 달린 댓글을 보니 '증권사 대표니까 주식 하라고 하는 장사치'라는 악플도 있더군요. 하지만 대표님이 얼마나 매 순간 투자의 바른길로 이끄는 것에 진심이셨는지 대표님의 오래전 나온 책부터 영상까지 다 본 사람들은 압니다. 갑자기 이렇게 물러

나게 되셨지만 대표님이 하셨던 이야기는 여전히 옳습니다. 여전히 사람들에게 가장 필요한 이야기이고 가치가 있습니다. 오해가 있다면 얼른 해소가 되고 다시 한번 상식적인 것만 말씀하시던 그 편안한 얼굴을 뵙고 싶습니다. 다시 뵙지 못하더라도 감사하단 말씀을 꼭 전하고 싶습니다. 누군가는 대표님 덕분에 많은 것이 바뀌었습니다. 정말 감사합니다. 건강하시고 앞으로 하시는 모든 일에 건승을 빕니다. 존 리 대표의 책 독자 드림."

지금 내게는 그 어느 때보다도 이분과도 같은 많은 분들의 믿음과 성원이 필요하다. 이러한 응원과 격려가 있기에, 우리 미래 세대들에 대한 금융교육, 주부들의 투자와 경제공부, 한국의 금융문맹율 탈출 프로젝트를 위한 발걸음을 내디딜 수 있다.

지금 나는 거짓으로 시작된 오해와 편견으로 인해 메리츠자산운용의 CEO에서 물러났지만 또 다른 길이 내 앞에 열리고 있음을 믿는다. 잠시 주춤했을지언정 그 어느 것도, 누구도 나의 열정을 꺾지는 못할 것임을 믿는다.

최초의 길을 선택하고 실천한 스커더

내가 펀드매니저로 처음 일했던 스커더 스티븐스 앤드 클라크Scudder Stevens and Clark(이후 '스커더'로 부르겠다)에 대한 이야기를 하는 것으로 본격적인 이야기를 시작하고 싶다. 스커더는 내 인생에 가장 큰 영향을 미친 회사이다. 스커더는 약 100년 전에 매형과 처남 관계였던 스커더Scudder, 스티븐스Stevens, 클라크Clark가 세운 세계 최초의 자산운용사이다. 스커더에서의 경험은 지금의 나를 있게 하였다고 말할 수 있을 만큼 내 '투자 철학'의 근간이 되었다. 투자 철학을 넘어 나의 인생관에 가장 큰 영향을 미친 곳이다.

스커더는 마침 내가 회계사로 일하던 피트 마윅Peat Marwick(현 KPMG, 세계적인 다국적 회계 및 컨설팅 회사)과 같은 건물에 입주해 있었다. 피트 마워은 36층, 스커더는 25층에 위치해 있었다. 스커더의 명성을 익히 알던 나는 1991년 겨울 펀드매니저로 도전장을 내밀었다. 하지만 당시 나를 대리했던 헤드헌터는 내가 스커더에 들어갈 확률은 제로에 가깝다고 말했다. 주식투자 경험이 없고 하버드나 MIT 등 유명한 학교의 MBA 졸업장이 없다는 것이 가장 큰 이유였다. 하지만 헤드헌터의 생각은 스커더라는 회사를 몰라서 나온 것이었다.

스커더는 다양성을 중시하고 편견을 없애려고 노력하는 회사였다. 그들은 주식투자 경험이 없는 것이 오히려 다행이라고 생각했고 투자의 기본은 가르치면 된다는 긍정적인 생각에서 나를 선택했다. 무엇보다 나의 잠재력을 믿고 도전하는 노력을 높게 평가하여 채용 결정을 했다는 것을 훗날 알게 되었다. 나를 대리했던 헤드헌터는 훗날 스커더와 나를 통해 많은 것을 배웠다고 말했다. 또한 자신이 얼마나 많은 편견 속에서 살고 있었는지 반성을 하게 됐다며, "하나님의 뜻이 있는 것 같아I think God is on yourside"라고 말할 정도였다.

스커더는 무엇보다 '최초'라는 수식어가 많은 회사일 정도로 남들이 미처 생각하지 못한 많은 것을 실천한 곳이다. 특히 최초로 기업방문을 하고 투자를 결정하는 회사였다. 지금은 투자사의 기업방문이 당연시되지만, 당시 미국도 펀드매니저가 투자 결정 시 기업을 방문해야 하는 필요성을 느끼지 못하였다.

스커더는 '주식에 투자하는 것이 곧 동업자가 되는 일'이라는 신념으로 기업방문을 너무나 당연하게 생각했다. 비용과 시간이 들어가더라도 고객의 이익을 극대화하고, 고객과 약속한 투자 철학을 실천하기 위해 투자 전에는 반드시 기업방문을 해야 하는 원칙이 있었다. 정확히 확인할 수는 없지만 스커더가 미국에서 최초로 기업방문을 실행한 회사로 알려져 있다.

1984년 한국에 투자하는 세계 최초의 외국인 전용 펀드인 코리아펀드Korea Fund•를 설립하고 한국 기업에 투자할 때도 스커더는 당연히 기업방문을 실시했다. 한국에서는 기업방문이 투자와 어떻게 연관성이 있는지 당시에는 알지 못했다. 매일매일 주식을 사고파는 것을 당연시하던 때라 더욱 그랬다.

내가 한국에서 기업방문을 할 당시의 에피소드다. 기업을 방문해서 직원과 그 기업의 비전과 관련해서 대화를 나누고 있는데 우연히 지나가던 회장이 왜 그런 것까지 확인하느냐고 묻는 것이었다. 나는 '코리아펀드'가 이 회사의 투자에 관심이 있고 내가 그 펀드의 펀드매니저임을 밝혔지만 그 회장은 거부감을 드러내며 막무가내로 나를 쫓아냈다. 안타깝지만 그 회사는 1997년 외환위

• 뉴욕증권거래소에 상장된 펀드로 외국 투자자들의 투자 자금을 모아 한국주식시장에 투자하는 최초의 한국투자 전용 뮤추얼 펀드mutual fund이다. 한국 정부와 미국증권거래위원회의 승인을 받아 스커더가 설립하고 전 세계 투자자를 대상으로 한국 자본시장에 대한 투자를 유치하였다.

기를 맞으면서 역사 속으로 사라졌다. 지금의 투자문화와 비교하면 격세지감을 느낄 수 있다. 이 에피소드를 통해 기업 경영진의 경영철학이 기업 미래의 성패에 어떤 영향을 미치는지를 독자들이 느낄 수 있기를 바란다.

스커더는 자체적인 리서치 부서를 처음으로 둔 회사이기도 하다. 과거에는 미국에서도 상장회사들에 대한 리서치는 주로 증권회사 등의 셀 사이드sell side•에서 수행했으며, 그 리서치 결과는 통상적으로 큰 고객인 자산운용회사의 펀드매니저들에게 제공되었다. 하지만 스커더는 증권회사의 리서치 결과나 자료가 스커더의 장기투자 철학과 일치하지 않을 가능성이 높다고 판단했다.

따라서 스커더는 자체적으로 리서치 부서를 설치했다. 당연히 많은 비용과 시간을 할애할 수밖에 없었고 스커더의 수익에 악영향을 미칠 수 있었다. 증권회사의 리서치에 의존해 쉽게 펀드를 운용할 수 있었지만 스커더는 고객의 이익을 위해서는 반드시 자체의 리서치 부서가 필요하다고 판단했다.

실제로 나는 스커더의 많은 훌륭한 애널리스트들로부터 큰 도움을 받았다. 철강업을 담당했던 스커더의 한 여성 애널리스트는 약 30년에 걸쳐 전 세계의 철강업계에 대한 연구를 진행했고 철

• 주식과 채권을 매매하는 업무를 맡는 금융기관으로 투자은행, 증권사, 브로커가 속한다.

강업에 대한 해박한 지식을 갖고 있었다.

1992년 한국 주식시장이 개방되고 외국인들이 한국의 기업에 직접 투자할 수 있는 길이 열렸다. 한국의 증권사들이 앞다투어 스커더를 방문해 한국 기업들을 소개하였는데, 당시 여러 기업 중 포항제철(지금의 POSCO)도 포함되어 있었다. 그런데 한국 증권사의 보고 내용이 대부분 스커더 애널리스트가 쓴 보고서를 발췌, 인용한 것이었다. 한국 기업을 소개하는 미팅에서 스커더의 철강 애널리스트가 자신의 리포트를 인용한 것에 대해 영광이라고 하자 한국에서 온 애널리스트가 머쓱해하던 기억이 난다.

안국화재(지금의 삼성화재)를 가장 매력적인 회사라고 추천했던 애널리스트는 지금은 이 세상에 없지만 나의 투자 철학을 정립하는 데 큰 도움을 주었다. 한국이동통신회사(지금의 SK텔레콤)를 세계에서 가치 대비 제일 저렴한 통신회사 주식이라고 했던 텔레콤 애널리스트 역시 오랫동안 기억에 남는 스커더 사람들이다.

스커더는 세계 최초로 '무수수료No Load(load는 판매수수료를 뜻하는 말로, 판매수수료가 없다는 의미)' 개념을 만든 회사이다. 미국의 초기 펀드 고객은 펀드에 투자하게 되면 판매수수료만큼 마이너스 된 상태에서 시작하는 구조였다(한국은 여전히 대부분 그러하다). 스커더는 고객에게 불리한 판매수수료Sales Charge를 최초로 없애고 펀드를 판매하였다.

스커더는 고객들에게 판매사에 가지 않고, 직접 스커더를 방문하라고 투자가들에게 조언했다. 인터넷이 없던 당시에 이러한 판매방식은 스커더가 성장하는 데 절대적으로 불리하게 작용했다. 인터넷이 없던 시절에 판매 창구가 많지 않았기 때문이다. 결과적으로 기존의 판매방식을 고수한 경쟁사들에게 스커더는 밀릴 수밖에 없었다. 수많은 은행 창구를 통해 판매하는 것이 고객에게는 설사 불리하더라도 판매량은 훨씬 클 수밖에 없었으니까.

대부분의 고객들은 생소한 '무수수료No Load'의 개념을 잘 이해하지 못했기 때문에 수수료를 비싸게 지불하더라도 판매사, 즉 메릴린치 같은 곳을 직접 방문해 펀드를 사는 게 현실이었다. 그로 인해 스커더는 순위에서 밀리게 되었다. 현재 미국 펀드는 대부분 수수료가 없다.

내가 메리츠자산운용에서 한국 최초로 시도한 것이 판매사를 거치지 않고 앱을 통해 펀드에 가입하도록 한 것이었다. 스커더의 경험을 살려 한국의 고객들에게 유리하게 하고자 한 첫 시도였다.

'고객의 이익을 우선한다'는 성실성의 의무를 가장 중시했던 '스커더, 스티븐스 & 클라크 Scudder Stevens and Clark'는 1919년 보스턴에서 설립되었다.

스커더 뉴욕지사 건물**345 Park Avenue**. 1985년 피트 마윅에서의 회계사 시절을 포함해 2005년 스커더를 떠날 때까지 근무했던 건물이다. 현재 이 건물에는 미국 최대 금융회사로 꼽히는 블랙스톤**Black Stone**이 입주해 있다.

1970년대 미국의 퇴직연금제도의 개혁으로 미국의 자본 시장은 엄청난 기회를 맞는다. 당시 미국 대통령이었던 포드 대통령의 ERISA(Employee Retirement Income Security Act) 서명식 사진이다.

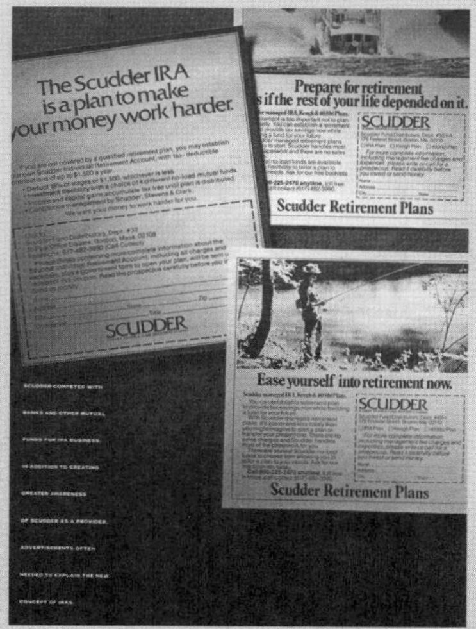

스커더의 연금펀드 광고.

스커더의 이사 시절. KBS에서 뉴욕 스커더 사무실에 취재차 방문하였다.

John Lee
Next 10 years

코리아펀드 시대를 열다

나의 금융 커리어에서 큰 의미를 지니고 있는 코리아펀드는 단순한 펀드가 아닌 한국의 자본 시장에서 큰 역사적 의미를 지니고 있는 펀드이다. 한국의 자본 시장을 처음으로 전 세계에 소개한 펀드이기 때문이다.

당시 일본 담당 애널리스트였던 니콜라스 브랫(닉 브랫)은 일본 기업들로부터 한국 기업이 엄청난 속도로 따라온다는 말을 듣고 확인 차 1975년 한국을 방문했다. 닉은 당시 한국 기업들을 방문해 살펴보고는 한국에 보물 같은 기업들이 숨어 있다고 판단했다. 그 이후로 한국 정부에 펀드 설립을 제안했고 1984년 펀드 설립을 위해 '코리아펀드 법'이 제정됐다. 그리고 뉴욕증권거래소 상장New York Stock Exchange을 계획한다.

그런데 당시만 해도 스커더 내부에서 반대가 많았다. 캐나다에 투자하는 것도 꺼리는 시절이었으니 너무나 당연한 것인지도 모른다. 더 큰 문제는 한국 정부가 코리아펀드를 승인한 후에 발생했다. 이 펀드를 판매할 미국의 투자은행IB을 전혀 구하지 못했다는 사실이었다.

투자은행인 퍼스트보스턴First Boston을 간신히 조건부로 설득했다. 그 조건은 투자가들을 초대해 한국을 같이 방문해 투자가들의 의사를 먼저 타진해 보자는 것이었다. 다행히도 투자가들이 한국을 방문한 후 펀드의 설립은 급속도로 진행되었다. 한국 시장의 매력을 확인하고 모두가 투자하고 싶어 했기 때문이었다. 코리아펀드는 대성공을 이루었다. 한때는 150퍼센트의 높은 프리미엄을 유지할 정도로 인기를 끌었다.

코리아펀드의 구조를 섬세히 살펴보면 한 가지 놀라운 점이 있다. 미국의 펀드들은 한국과 달리 대부분 이사회가 존재한다. 이사회의 역할은 펀드를 운용하는 자산운용사가 주주들의 이익을 충분히 지키려고 노력하는지 여부를 감시하기 위함이다. 스커더는 펀드 설립에 많은 노력과 시간, 비용의 투입이 있었지만 펀드 운용에는 절대적으로 주주와 시장의 신뢰를 중요시했다.

주주들의 신뢰를 얻기 위해 이사회 구성 시 스커더와 관계없는 인사들이 과반을 넘도록 했다. 주주들의 신뢰를 얻기 위해서는 불편하더라도 기꺼이 감수하는 스커더의 철학이 엿보이는 대목이다.

실제로 내가 라자드 자산운용Lazard Asset Management으로 옮기고 얼마 후 코리아펀드의 이사진은 펀드의 운용을 스커더에서 다른 자산운용사로 옮기는 결정을 했다. 펀드를 운용하던 내가 사임하자 이사진은 고객을 위해서 펀드운용회사를 바꾸는 결정을 한 것이다.

메리츠에서 '더우먼펀드'를 출시했을 때 나는 코리아펀드와 똑같은 구조를 선택했다. 메리츠와 관계가 없는 인사들로 이사회를 구성했는데, 이 펀드를 대한민국에서 가장 투명한 펀드로 100년 이상 오래 지속시키기 위함이었다.

캐나다에 투자하는 것조차 낯설었던 당시였음에도 코리아펀드를 생각한 것은 다른 회사가 아닌 바로 스커더였기에 가능했다고 생각한다. 남들과 다른 생각을 할 수 있었기에 가능한 것이다.

코리아펀드는 엄청난 성공을 거두었고 다른 나라 펀드 탄생에 시금석이 되었다. 아르헨티나펀드, 브라질펀드, 아시아펀드, 타이펀드, 필리핀펀드 등 각 나라 펀드가 생겨난 것은 코리아펀드의 성공이 아니었다면 아마도 불가능했을 것이다.

코리아펀드의 이사들 중에 기억에 남는 사람이 있다. 주한 미대사였던 글라이스턴 씨다. 그는 병원에서 숙환으로 운명을 달리하기 직전, 인생에서 가장 즐거웠던 시간이 코리아펀드의 이사 시절이라고 회고했다. 한국에서 대사로 근무하면서 겪었던 많은 에피소드를 나에게 들려주곤 했는데 모두가 흥미진진한 내용이었다. 중국에서 태어난 그는 중국어가 유창했기에 중국 기업을 방문할 때뿐만 아니라 한국 기업들의 중국 진출에 많은 도움을 주었다고 한다.

1984년 코리아펀드가 성공적으로 뉴욕증권거래소**New York Stock Exchange**에 상장된 후 약 **600**억 원의 투자자금이 전달되었다.

1995년 제주도에서 열렸던 코리아펀드 이사회. 스커더의 회장과 사장, 임원진이 모두 한국을 방문했다. 맨 오른쪽이 필자이다.

1994년, 미국 외의 나라에 투자하는 펀드매니저들을 위한 크리스마스 파티. 코리아펀드는 엄청난 성공을 거둠으로써 해외 여러 나라 펀드의 탄생에 시금석이 되었다.

1993년 코리아펀드 마케팅을 위해 유럽을 방문했다. 파리 에펠탑 앞에서 필자.

직원이 오래 일할 수 있는 회사

'직원들이 오래 일할 수 있는 회사', 아무래도 스커더의 문화를 대표하는 모토가 바로 이것이 아닐까 싶다. 미국에서 직원들의 잦은 이직이 보편화된 시절, 스커더는 직원들의 이직이 거의 없는 회사였다. 이 사실은 내게 신선한 놀라움을 안겼다. 월스트리트 회사들의 직원 평균 근속기간이 낮은 데 비해, 스커더에는 30년, 40년 일한 직원들이 흔할 정도였다. 아마 스커더의 특별한 지배구조에서 연유한 것이 아닐까 싶다.

스커더 창립자들은 이미 언급한 바와 같이 매부와 처남 관계인 세 사람이었다. 처남 관계지만 친족이 회사에 들어오지 못하는 룰을 정했고, 직원들이 지분을 취득하도록 했다. 또 퇴사할 때는 자신들의 지분을 남아 있는 직원들에게 다시 팔고 나가게끔 하였다.

이러한 지배구조 덕분에 사람들은 오너십을 갖고 오래 일할 수 있었다. 직원들 모두 회사의 주인이었기 때문에 다른 경쟁사와 변별되는 기업문화가 가능했고 경쟁력으로 이어졌다.

스커더를 기억하며 나에게는 빼놓을 수 없는 두 사람이 있다. 니콜라스 브랫Nicholas Bratt(닉)과 윌리엄 홀저William Holzer(윌리)이다.

앞에서도 언급했던 니콜라스 브랫(닉)은 일본 담당 애널리스트로 일본을 방문할 때마다 많은 일본 기업인들에게 미래에 예측되는 어려움에 대해 질문했다. 돌아온 답변은 한국이 두려운 경쟁자로 성장하고 있다는 것이었다. 닉은 한국에 엄청난 기회가 있음을 감지하고 1975년 한국을 처음 방문하였다. 닉이 바로 한국 정부를 끈질기게 설득해 1984년 뉴욕에 코리아펀드를 설립한 입지전적인 인물이다.

닉은 진정으로 한국을 좋아했고 한국의 저력을 믿었다. 스커더를 방문하는 한국 기업들은 아무리 바빠도 꼭 만나려고 노력했고 나와 함께 전 세계를 다니면서 한국에 투자해야 하는 이유를 설명했다. 다른 스커더 펀드매니저들에게도 한국 투자의 당위성을 알리려고 애썼다.

닉, 윌리와 함께 한국을 방문했던 일은 내게 아직까지도 큰 추억이자 선물로 남아 있다. 함께 기업을 방문하고, 질문을 던지며, 생각을 공유했던 그 시간이야말로 내가 투자의 즐거움을 배웠던 값진 시간이었다. 투자뿐 아니라 겸손한 심성과 고객들에 대한 배려 깊은 태도 등은 나에게 많은 생각을 하게 했다.

한국을 방문했을 때의 에피소드 중 하나이다. 셋이 한국에서 기업방문을 할 때였다. 택시를 타고 여러 회사를 방문했는데, 운전석 옆좌석에는 회사를 소개하는 증권사 애널리스트가 앉고 뒷좌석에 닉과 나, 윌리가 앉아야 했다. 뒤쪽의 가운데 좌석은 양옆의 좌석에 비해 불편할 수밖에 없다. 이때 닉이 가운데 자리에 순번을 정해서 앉자고 제안했다. 나의 상사인데도 불구하고 부하의 불편함을 배려하는 그의 심성에 감탄했다. 그의 배려와 작은 것도 놓치지 않는 섬세함, 그리고 권위적이지 않은 면모는 나에게 귀감이 되었다.

최근 한국을 방문한 닉은 나의 사정을 지인들에게 이미 들었을 테지만, 점심을 같이하는 동안 전혀 내색하지 않았다. 다만 그의 마지막 코멘트가 나를 감동시켰다.

"존, 만약 네가 새로운 자산운용사를 설립한다면 첫 번째 고객은 반드시 내가 될게."

또 한 사람인 윌리도 닉과 함께 스커더에서 많은 영감을 준 사람이다. 그가 던지는 질문은 항상 나를 놀라게 했다. 1990년대 중반 한국에 함께 출장을 와서 한국의 경제 담당자들에게 한 질문은 지금까지도 내게 인상 깊게 남아 있다.

그는 고위 공직자에게 북한에서 주민들이 내려오면 어떻게 대

처할 계획인지 물었다. 나도 마찬가지였지만 면담을 한 고위 공직자도 참 생뚱맞은 질문이라고 생각했는지 그런 일은 걱정하지 않는다고 답변했다. 그러자 미팅이 끝나고 윌리가 내게 말했다.

"지금은 탈북하는 사람이 거의 없겠지만 배고프면 수단 방법을 가리지 않고 남한에 오려고 할 가능성이 크지. 한국 정부는 그러한 일에 대해 준비를 해야 할 거야."

그의 말은 현실이 되었다. 짧은 대화였지만 윌리는 항상 내 예상을 벗어나는 질문이나 답변을 하곤 했다. 어느 날 중국의 한 은행장이 스커더를 방문했다. 윌리가 그에게 질문했다.

"은행장께서는 직원들의 복지에 얼마나 관심을 갖고 계십니까."

다른 애널리스트는 회사의 전략이나 성장, 이익과 관련된 질문을 던지는 게 대부분이었지만 윌리의 질문은 항상 독창적이었다. 은행장의 답변에서 중국 은행 경영진의 철학을 읽으려던 윌리의 목적을 알 수 있었다. 윌리는 회사를 분석할 때 경영진의 철학이 훨씬 더 중요하다고 판단했기 때문에 그런 질문을 한 것이었지만, 질문을 받은 은행장은 그런 관행을 깬 질문에 어리둥절해 했다.

1996년, 한국의 외환 위기가 터지기 1년 전 한국의 은행을 방문했을 당시 그는 또 이런 질문을 던졌다. "이 은행의 궁극적 목표는 무엇입니까?" 그러자 담당자는 "사회 환원, 국민들을 위한 봉사입니다"라고 대답했다. 윌리는 택시 안에서 그 담당자의 답변을 언급하며 "존, 한국은 곧 곤경에 처할 거야John, Korea will be in trouble"라고 얘기했다. 경영진이 은행 주주들의 이익 우선이 아닌 것에 대해 우려를 나타낸 것이다.

윌리는 허를 찌르는 질문 외에도, 기업을 방문할 때 루틴처럼 반드시 하는 행동이 있었다. 기업의 화장실을 가보거나, 직원들이 어떤 일에 집중하는지 유심히 관찰하는 게 그것이었다. 윌리가 기업방문 시 가장 중요하게 본 것은 경영진의 자질quality of management, 즉 사람들의 자질quality of people이었다. 몇 조 규모의 펀드를 운용하는 윌리는, 이따금 아주 단순하면서도 많은 것을 내포하는 질문을 던졌다.

윌리는 한국인의 근면성, 교육열 그리고 '다음 세대가 본인들보다 더 잘 살아야 한다'는 한국 부모들의 열정을 높이 평가했다. 일본 경제 규모가 훨씬 큼에도 본인의 포트폴리오에 일본은 1퍼센트, 한국은 7퍼센트를 담을 정도로 한국을 좋아했다.

스커더에서는 매주 금요일마다 전 세계 주식시장에 대한 회의를 하는데, 항상 서두에 다른 나라들을 제치고 한국에 대해서 가장 먼저 호기심을 표출했다. 회의가 시작되자마자 나에게 한국에 대해 새롭게 주목할 만한 사실이 있는지를 묻곤 했다.

한번은 항상 한국을 먼저 얘기하는 것에 대해 불만이 많았던 일본펀드Japan Fund의 매니저가 화를 내며 나간 적도 있었다. 그때 위트 넘치는 윌리의 대답이 잊히질 않는다. "존, 아마 그가 럭비를 하지 않아서 그런 것일 테니, 이해해." 협동 정신이 부족했던 그 펀드 매니저에게 화를 내지 않고 유머로 대하는 여유가 있었다.

아쉽게도 스커더는 2002년 도이치은행Deutsche Bank에 약 3조의 금액으로 팔리게 된다. 하지만 스커더의 펀드매니저들과 애널리스트들은 도이치은행의 투자 철학과 맞지 않아 대부분 회사를 떠났다. 나 또한 닉과 윌리와 함께 라자드자산운용으로 옮기게 되었다. 윌리는 스커더, 도이치자산운용, 라자드에서 가장 영향력 있는 펀드매니저로 명성을 쌓았다. 안타깝게도 몇 년 전 루게릭병으로 유명을 달리했다. 윌리와 같이했던 많은 시간들, 그는 항상 내가 미처 생각하지 못한 상상력을 끄집어내었고, 그의 번뜩이는 질문은 내게 많은 영감과 근본적인 인사이트를 안겨주었다.

윌리의 장례식장에서 닉이 마지막 작별인사를 하면서 낭독한 고별사 중 일부를 인용해본다.

> William had a wonderful way of working with colleagues. He would ask questions that were never threatening and that would give them an opportunity to demonstrate their knowledge in their specific area of expertise. He was always looking for engagement and would be disappointed if he couldn't find it. He was great with younger people. I knew what he was up to-he would often ask them

questions, the answers to which he was fully aware. Nevertheless, they would feel good; appreciated; they had been able to contribute to his thinking. He would thus create a wonderful atmosphere of mutual respect and appreciation, and, importantly, younger staff would not feel intimidated and would be eager to contribute thoughts and ideas. He had a generosity of spirit that was infectious.

(윌리엄은 동료들과 즐겁게 일하는 방법을 아는 사람입니다. 그가 던지는 질문은 무례하지 않았죠. 또 질문에 답하는 사람으로 하여금 자신의 전문적인 지식을 나타낼 수 있도록 기회를 제공하였습니다. 그는 항상 소통하기를 원했고, 그럴 수 없을 경우 실망하곤 했죠. 그는 젊은 사람들과 잘 지냈습니다.

그는 자신이 이미 알고 있음에도 젊은 사람들에게 질문을 던짐으로써 그들이 새로운 아이디어를 말할 수 있게 했습니다. 직원들은 그의 질문에 매우 고마워하고, 질문을 받으면 오히려 행복해했죠. 상호간에 존중하고 배려하는 분위기를 조성하여 젊은 직원들이 위축되지 않고 자신들의 의견을 충분히 피력할 수 있게 했습니다. 윌리엄의 관대한 마음이 사람들에게 많은 영향을 주었습니다.)

스커더는 내게 선한 부자가 되는 방법을 알려줬고, 주식투자의 즐거움을 알려주었으며, 고객의 이익이 나의 이익보다 앞선다는 것을 끊임없이 훈련시켰다. 돈에 대한 나의 인식을 바꾸어준 것이다.

나는 스커더에서 배운 것을 한국에 와서 재현하고 싶었다. 한국에 스커더와 같은 자산운용사가 생겨나고, 이로 인해 금융에 대한 사람들의 생각이 바뀌고 노후준비의 중요성을 알게 하는 것이 바로 내가 품었던 꿈이었다.

2022년 서울에서 니콜라스 브랫과 만남을 가졌다. 코리아펀드를 처음으로 생각하고 **1984**년에 성공적으로 출시한 니콜라스 브랫은 **1976**년 스커더에 입사하였다. 그의 해외 투자 개척으로 스커더는 세계적인 투자회사로 성장하였다.

John Lee
Next 10 years

메리츠와의 만남

메리츠자산운용을 떠난 지금, 전 직장에 대한 이야기를 하는 것은 다소 부담스러운 일일 수밖에 없다. 하지만 피하지 않고 이야기하는 게 맞다는 생각이 들었다.

메리츠자산운용과의 만남은 나에게 멋진 기회의 선물이었으면서도 또 한편으로는 좌절과 상처를 안겨준 계기가 됐다. 하지만 이제 내 앞에 펼쳐질 10년을 생각하면 이 또한 나에게는 아주 값진 경험이었다.

1980년 한국을 떠난 이후 줄곧 미국 회사에서 일하며, 그곳에서 배우고 경험한 것을 고국을 위해서 쓸 수 있다면, 그래서 한국사회 발전에 도움이 될 수 있으면 좋겠다는 생각을 늘 하고 있었다. 나에겐 본능적으로 남이 하지 않은 것을 하고 싶은 욕구가 있었다. 미국에서 35년을 살고 난 뒤, 한국에서의 새롭고 의미 있는 일들을 시작하고 싶었다. 고국의 발전에 도움이 되는 일을 하고 싶은 희망은 비단 나뿐만 아니라 모든 해외교포들이 공통적으로 갖고 있는 생각일 것이다.

너무나 우연한 기회에 메리츠와의 인연이 시작되었다. 한 지인으로부터 메리츠자산운용이 새로운 경영진과 운용팀을 구하고 있다는 얘기를 들었다. 선진 금융의 경험이 있는 사람을 원한다면서 내게 의사를 타진해왔다. 메리츠에서 일하기로 결심이 섰을 무렵, 내 경험이 쓰일 수 있다는 사실에 신이 났고 즐거웠다.

메리츠자산운용을 한국에서 가장 들어가고 싶은 회사로 만들고 싶다는 개인적인 욕심이 있었다. 자산운용업의 중요성도 알려주고 싶었다. 특히 한국의 젊은이들이 금융업에 각별한 관심을 갖기를 바라는 마음도 컸다.

그런 인연으로 한국에 왔을 때 언론은 나의 행보를 파격적이라고 생각했던지 내게 '돈키호테' '이상한 나라의 앨리스' '괴짜' 같은 별명을 붙여줬다. 경직된 시각으로 바라보면 나의 행보가 그렇게 보일 수 있다는 생각이 들긴 했다. 하지만 조금만 다른 시각으로 바라보면 그동안 한국 사회가 당연하게 여겼던 것들이 오히려 이상하게 보였을 것이다.

먼저 회사에서 제공하는 승용차와 기사를 마다하고 대중교통을 이용하는 나를 이상하게 보는 사람들이 많았다. 심지어 어떤 기자는 나를 미행까지 해가며 정말로 대중교통을 사용하는지 확인했다고 한다. 내가 대중교통을 이용하는 이유는 아주 간단하다. 지하철이나 버스가 훨씬 빠르고 정확하고 저렴하기 때문이다.

고정관념에 사로잡힌 사람은 새로운 기회를 알아보지 못한다. 너무나 잘 되어 있는 한국의 교통 시스템은 전 세계 어디에 견주어도 부족함이 없다. 더구나 요금은 이해가 되지 않을 정도로 저렴하다. 기름 한 방울 나지 않는 나라에서 승용차를 운전하며 길이라도 막히면 약속 시간에 늦을까 조마조마한 사람들, 그리고 저렴하고 효율적인 대중교통을 이용하는 나, 과연 누가 괴짜이고 돈키호테일까.

금융회사의 임원직에 임기가 있다는 것도 신기했다. 당연한 말이지만 2~3년 후 새로운 CEO가 올 것으로 예상하면 새로운 사업에 대한 계획을 세울 수가 없다. 내가 일했던 미국 회사들의 경우는 근로 계약서를 처음 입사할 때 한 번 쓰면 그만이다. 연봉의 변화가 있을 때 일부 수정만 할 뿐이다.

대부분 임기가 없고 언제든지 회사가 원하거나 본인이 원하면 상호 퇴사 통보를 하면 그만이다. 내가 메리츠자산운용에서 9년을 일할 수 있었던 것도 미국 회사에서 일했던 계약 시스템과 비슷했기 때문이다. 이러한 사실을 잘 모르는 기자들은 내가 연임에 성공할 것인가 실패할 것인가를 놓고 기사를 쓰기도 했다.

한국의 의전 문화도 지나치다는 생각을 떨칠 수가 없다. 의전이 지나치면 고객들 입장에서는 자기보다 회사의 대표를 더 중요하다고 생각하는 것은 아닌가 의심할 수밖에 없다.

내가 전국을 다니면서 직접 고객을 만나는 것을 신기해하는 사람들이 있었다. CEO가 직접 마케팅에 나서는 것이 이상하게 여겨진 듯하다. 고객은 회사의 사장 혹은 마케팅 담당 직원 중 누구를 더 만나고 싶어 할까. 대답은 자명하다. 사장이 고객을 직접 만나는 것을 이상하게 보는 사람들이 오히려 이상하지 않은가.

메리츠그룹은 메리츠자산운용을 가장 경쟁력 있는 금융회사로 만들겠다며 내가 내건 모든 조건을 수용해주었고 간섭하지 않았다. 지난 9년간 메리츠그룹은 내가 한국에서 소신껏 일할 수 있도록 기회를 제공했고 금융 교육 등의 활동을 이해하고 전폭적으로 도와주었다. 이 점에 대해 무한한 감사를 보낸다.

2013년 겨울, 메리츠자산운용에 처음으로 출근하던 날이 기억에 남는다. 과연 내가 미국의 기업문화와 한국의 기업문화를 접목해 조화로운 변화를 통해 메리츠자산운용을 가장 경쟁력 있는 자산운용사로 이끌 수 있을까 떨리는 마음이었다. 모든 것이 나의 도전이었고 흥미로운 숙제로 다가왔다.

나는 메리츠자산운용의 고객과 마찬가지로 회사의 직원들을 모두 부자로 만들고 싶었다. 그리고 차별 없는 기업문화를 정착시켜 모두 다 일하고 싶어 하는 회사로 만들고 싶었다.

내가 추구하려고 했던 것은 스커더에서 경험했던 좋은 기업 문화를 벤치마킹해서 메리츠자산운용에 뿌리를 내리게 해 한국에서 가장 존경받는 자산운용회사로 탈바꿈하는 것이었다. 내가 대표를 맡은 이후 메리츠자산운용이 브랜드가치 1위로 거론되었던 것은 나의 생각이 틀리지 않았음을 증명한다고 생각한다.

비록 회사를 떠났지만 메리츠자산운용이 앞으로도 잘되기를 진심으로 바란다. 내가 메리츠와의 만남을 소개하는 이유는 많은 국내의 자산운용회사 직원들 혹은 자산운용업을 시작하고 싶어하는 젊은이들에게 조금이라도 도움이 될 수 있기를 바라는 마음에서다.

자산운용사의 경쟁력은 철학에서 나온다

자산운용사에서 가장 중요한 것은 확고한 투자 철학이다. 메리츠자산운용의 투자 철학은 장기투자와 펀더멘탈을 중요시하는 것이다.

단기간의 수익률에 연연하지 않고 펀더멘탈이 훌륭한 기업을 찾아 장기적인 투자를 하는 것이 투자의 근본이다. 이 투자 철학이 흔들리게 되면 자산운용의 존재 이유가 사라진다. CEO로 영입된 나는 메리츠자산운용을 가장 신뢰받는 기업으로 탈바꿈하기 위한 작업에 들어갔다.

가장 먼저 시행한 작업은 운용팀에 흔들림 없는 장기투자 철학을 심어주는 일이었다. 펀드 운용팀의 주식투자에 대한 실태조사를 했더니 예상했던 대로 장기투자에 대한 인식이 거의 없었다. 펀드매니저의 지시를 받는 어느 트레이더Trader가 사고파는 것을 끊임없이 반복하다 보니 화장실을 갈 수 없어 방광염에 걸렸다는 에피소드가 있을 정도였다. 나의 진단과 처방이 시작된 후 600퍼센트에 달하던 연간 펀드 회전율turnover ratio•이 2015년 약 17퍼센트로 낮아졌고 이후 10~20퍼센트로 유지되었다. 또한 같은 전략에 여러 개의 펀드가 존재하는 잘못된 관행도 개선하여 펀드의 숫자를 크게 줄였다.

그다음에는 자산운용사의 독립성을 위해 공간부터 확보하는 것이 필요했다. 고맙게도 메리츠그룹은 자산운용사를 여의도에서 북촌으로 옮기고 싶다는 나의 제안에 흔쾌히 동의했다. 당시에는 메리츠자산운용이 여의도의 메리츠화재 건물에서 한 층을 임대해 사용하고 있었다.

자산운용은 독립성이 생명이다. 메리츠자산운용이 메리츠그룹 건물 안에 있는 것은 자연스럽지가 않다고 생각했다. 왜냐하면 한국의 자산운용 회사들은 대개 은행이나 보험회사의 자회사인 경우가 많았는데, 그 때문에 마치 은행이나 보험회사의 작은 부서로만 취급되고 인식되어온 면이 있었다. 미국의 경우 은행보다 자산

• 주식이 얼마나 빈번하게 거래되는지를 나타내는 지표이다. 특정 개별 종목 또는 펀드의 회전율이 높을수록 그만큼 매매 빈도가 높다는 의미이다. 회전율이 높다는 것은 장기투자를 하고 있지 않다는 의미이기도 하다.

운용업이 규모와 중요도 면에서 모두 우위에 있다.

당연한 이야기지만 고객의 이익이 어떤 것보다도 우선해야 하는 믿음과 철학이 중요한 만큼 메리츠자산운용도 그룹보다 고객의 이익을 우선시한다는 메시지를 담아야 했다.

미국의 자산운용사의 직원들은 자신의 돈보다 고객의 돈을 우선해야 한다는 교육을 끝없이 받는다. 스커더에 대한 신뢰도가 높았던 이유 또한 어떤 은행이나 보험회사에 속하지 않았기 때문이다.

독립된 기관으로서 고객의 이익을 최선으로 하는 것이 자산운용사의 의무이기에, 결국 북촌으로 회사를 옮기게 되었다. 그에 따라 독립성을 유지하고 펀드매니저들과 애널리스트들은 주식시장과 멀리하는 독립적인 훈련을 할 수 있었다.

그다음으로 신경 쓴 것은 직원들에게 노후준비의 필요성을 공유하게 하고 준비하게 한 것이었다. 당연한 말이지만 펀드매니저 스스로도 노후준비를 안 하면서 어떻게 고객들에게 노후준비의 중요성을 설득할 수 있겠나. 실태 파악을 해보니 놀랍게도 노후준비를 하는 직원이 거의 없었다. 펀드매니저가 자신이 운용하는 펀드에 투자하지 않는 것이 문제라는 사실조차도 인지하지 못하는 것 같았다.

미국의 경우 고객들은 펀드매니저가 자신이 운용하는 펀드에 개인 자산을 얼마나 투자하는지 궁금해하고 질문하기도 한다. 놀라운 사실은 직원들이 퇴직연금을 DB Defined Benefit 형•에 의존하고 있는 사실과, 자신의 노후자금이 메리츠펀드에 가입되어 있지 않다는 사실이었다. 일부 직원들의 반발이 있었지만 전부 DC Defined Contribution 형••으로 전환하고 메리츠의 주식형 펀드에 투자하도록 설득했다. 당연한 일이지만 9년의 세월이 지난 지금 직원들의 퇴직연금 금액은 다른 회사들에 비해 월등하게 불어나 있다.

회사의 조직 문화를 바꾸기 위한 작업도 빼놓을 수 없는 변화였다. 직위 구분 없이 수평구조를 만들기 위해 직원들에게 가능한 이메일 소통을 하도록 했다. 자산운용회사의 경쟁력은 수평적 문화가 정착된 조직의 힘에 달려 있다. 수직적인 구조는 책임 소재가 불분명하고 의사소통이 원활하지 않기 때문에 업무의 효율성을 심각하게 훼손하는 구조여서 외국 금융회사의 경우는 대부분 일찌감치 이 구조를 파기했다.

외국 금융회사들은 보고 라인을 많아야 2단계 혹은 3단계로 대폭 줄였다. 나 역시 보고 라인을 대폭 축소하고 실무 직원들에게는 이메일로 보고하고 결재를 받게 했다. 한국에서는 결재를

• 확정급여형 연금. 회사가 근로자를 대신해 운용한 뒤 근로자에게 정해진 금액을 지급하는 방식이다.

•• 확정기여형 연금. 회사가 매년 정해진 근로자 계좌로 금액을 입금해주고, 근로자가 직접 운용하는 방식이다.

받기 위해 사장실 앞에 임원들이 줄을 선다는 말을 들은 적 있지만 적어도 메리츠자산운용에서는 보고를 위한 시간을 낭비할 필요가 없게 했다. 특별한 일이 아니면 얼마든지 이메일을 통한 결재가 가능하다.

그리고 이메일은 비밀 사항이 아니라면 가능한 많은 사람들을 참조해 공유하게 했다. 복잡한 보고 라인으로 인해 생기는 왜곡을 막기 위함이다. 처음에는 직원들이 사장에게 직접 이메일 쓰는 것을 어색해했지만 어느 정도 시간이 지난 후에는 인턴사원도 아주 자연스럽게 이메일로 보고를 하였다.

수평 구조가 중요한 이유는 의사 결정이 빠르고 왜곡이 없다는 점이다. 수평적인 구조가 만들어지지 않은 조직은 열심히 일한 사람이 제대로 평가받지 못하는 왜곡이 일어날 수 있다.

새로운 아이디어를 제안할 때는 누구나 같이 공유할 수 있어야 한다. 직급의 고하를 막론하고 자유롭게 반대 의사를 표현할 수 있어야 한다. 이러한 건강한 기업문화가 경쟁체제의 한계를 뛰어넘을 수 있다고 믿는다.

회식문화도 없앴다. 한국에서 당연시하는 회식문화는 좋은 면도 있지만 부정적인 면이 더 많다. 회사에서 긴 시간을 보냈으면 저녁은 가족과 지내는 것이 당연한 일상 아니겠는가. 또한 2차, 3차로 이어지는 술자리는 다음날의 업무에 심각한 영향을 줄 수밖에 없다.

술을 마시게 되면 직원들이 실수를 할 가능성이 높아진다. 직원 간의 부적절한 행위가 대부분 술 때문에 일어난다. 회사자금을 직원들의 회식비로 낭비하기보다는 보너스를 더 주는 것이 훨씬 중요하다고 생각했다.

평등한 기업문화를 만드는 일도 빼놓을 수 없다. 나는 직급의 고하에 따라 먹고 자는 문제를 차별하는 것은 문제가 있다고 보았다. 한국 기업에서는 당연시 여기는 것들이지만 외국 기업의 시각에서는 어색하고 부자연스러운 것들이 많다. 예를 들면 해외 출장을 갈 때 임원은 퍼스트클래스나 비즈니스를 타고 직원은 일반석을 탄다든가, 해외 출장 시에 임원은 고급호텔에서 머물고 부하 직원은 저렴한 호텔에 묵는 관행들이 비일비재하다.

나를 포함한 모든 직원은 5시간 이상의 비행 시간이면 비즈니스클래스, 그 이하면 일반석을 이용하도록 했다. 이는 직원들의 자긍심을 높이기 위한 것이었고 어느 정도 효과가 있었다고 생각한다. 그 외에도 대표이사를 위한 자동차와 기사를 없앰으로써 의전이라는 편견을 깼으며, 비용도 절감하였다.

승진하는 직원들을 신문 광고를 통해 축하했는데 엄청난 반응을 가져왔다. 어느 여직원의 경우 시어머니가 신문에 난 며느리를 보고 자랑스러워했다고 한다. 외국에서는 흔한 일인데, 결국 문화적인 장벽에 부딪히며 중단할 수밖에 없었다. 승진한 직원의 사기를 북돋게 되면 승진하지 못한 직원의 불만이 심각할 정도로 크다는 사실을 나는 미처 깨닫지 못했던 것이다. 한국인의 평등에 대한 인식이 외국과 무척 다른 것을 깨닫게 된 계기였다. 문화의 차이가 생각보다 심한 것을 느꼈다.

조직 문화를 바꾸려는 나의 작업은 그럼에도 계속됐다. 이번에는 직원들에게 책임과 보상은 같이 간다는 인식을 심어주려고 노력했다.

직원들의 월급과 보너스 체계가 외국의 기업과 너무 달랐다. 직원들의 과거 보너스를 살펴보니 직급과 역할과 관계없이 보너스의 차이가 크지 않았다. 보너스의 차이가 크지 않으면 열심히 일하고 싶은 직원들의 의욕이 사라지기 마련이다.

우선 펀드운용팀과 마케팅팀의 보너스 체계를 성과에 비례하게 했고, 작은 금액의 보너스를 받았던 직원이 억대의 보너스를 받을 수 있게 했다. 직원들의 평가도 경직적인 점수 제도에서 정성적으로 평가해서 보너스를 결정했다. 대부분의 직원은 과거에 비해 절대 금액으로 기존보다 많은 보너스를 받을 수 있었다.

나는 많은 직원들이 이러한 보상체계를 좋아하고 만족도도 높을 것이라 예상했다. 하지만 이 일이 결국 9년을 일한 회사를 내가 떠날 수밖에 없는 문제의 발단이 되었다는 사실에 무척 씁쓸하고 안타까울 뿐이다. 모두 다 적은 보너스를 받으면 문제가 없었을 것이다. 그런데 자신의 보너스가 더 많아졌는데도 불구하고 다른 사람과의 차이가 커졌을 경우 그 분노가 나를 향해 쌓이는 것을 나는 미처 예상하지 못했다.

또 하나 내가 간과했던 사실은, 미국과는 다르게 한국의 직원들은 회사로부터 받는 자신의 보너스를 다른 직원들과 공유한다는 사실이었다. 금액을 비교하며 결정권자인 나에 대한 불만과 회사에 대한 불만이 계속 쌓인다는 사실을 미처 깨닫지 못했다. 미국의 경우는 남의 급여나 보너스를 절대 알지 못한다. 알기 위해 노력도 하지 않는다. 자신이 적게 받았다면 더 열심히 일해서 그 직원만큼 받을 수 있도록 노력을 한다. 이 금액의 차이가 대부분 긍정적인 자극이 된다. 외국의 경우는 마케팅 직원이 대표이사보다 더 큰 보너스를 받는 경우가 비일비재하다.

그런데 내가 선도한 보상 체계로 인해 인사와 보너스에 대한 불만을 증오로 증폭시킨 직원이 나오게 되었고 여기에 직원들이 선동되면서 결국은 내가 회사에서 물러나는 데 여러 요인 중 하나가 되었다.

한국 사회가 한 발짝 더 나아가기 위해서는 보상 체계의 변화가 필수적이다. 특히 금융업에 있어서는 가장 중요한 이슈라고 본다. 평등이라는 개념의 새로운 해석이 필요하다. 한국의 서열 문화 즉 경직된 직급 문화로 인해 성과급에 대한 보상이 합리적으로 이루어지지 못하면 창의적인 생각을 하는 사람은 좌절할 수밖에 없으며, 결국 조직도 경쟁력을 상실하고 만다. 예를 들어 회사에 100억의 수익을 기여한 사람은 그에 상응하는 보너스를 받아야 하고, 기여를 못한 사람은 보너스를 받지 않는 것이 당연하다.

조직 문화 혁신을 위해 근무 시간의 자율화를 실행한 것도 긍정적인 성과였다. 미국 직장에서 일하는 동안 나는 한 번도 출근 시간과 퇴근 시간을 강요 받거나 확인을 받은 적이 없었다. 한 가지 분명한 것은 월급이 많은 사람일수록 오래 일한다는 사실이다.

메리츠자산운용에 CEO로 취임한 지 얼마 지나지 않았을 때, 한 여직원이 아이가 아픈데 일찍 퇴근할 수 있겠냐고 물었다. 군대도 아닌데 이러한 것까지 허락을 받아야 하는 기업문화는 결코 긍정적일 수 없다. 직원이 회사가 자신에게 바라는 일만 제대로 한다면 직원들의 근무시간을 유연하게 적용하는 것이 생산성을 높이고 직원들의 창의성을 살리는 길이라는 것은 세계 일류기업들을 통해 이미 증명되었다. 이런 철학에 따라 나는 메리츠자산운용의 직원들에게 재택근무 등을 본인의 자유로운 의사로 선택할 수 있게 했다.

내가 메리츠자산운용에서 시도하고 실행한 것들이 외국의 금융회사들은 대부분 당연시하는 조직문화이다. 한국의 금융산업이 한 단계 업그레이드되려면 기업의 기존 관행을 과감하게 탈피할 수 있어야 한다.

John Lee
Next 10 years

고객과 직접 만나다

한국 국민들의 노후준비가 제대로 안 되어 있다는 것은 누구나 알고 있는 사실이다. 노년층의 빈곤은 전 세계에서 일어나는 보편적인 현상이지만 특히 한국의 사정은 매우 심각하다. 통계청에 의하면 한국 노인빈곤율은 43.4퍼센트(2018년 기준)로 OECD 평균인 14.3퍼센트보다 3배나 높은 수준이다. 노인 두 명 중 한 명은 빈곤층으로 분류되고 있고 노인빈곤율의 연쇄적인 영향으로 한국은 12년 연속 자살률 세계 1위라는 심각한 불명예를 안고 있다.

노후준비가 안 되어 있다 보니 평생 열심히 일한 직장에서 은퇴하고도 재취업을 해야 하는 상황이다. 우리나라의 노인 취업 인구 비율은 세계 1위다. 우리나라 노인층의 수입은 취업 인구 평균 수입의 60퍼센트에 머물고 있는데, 이 또한 OECD 국가 중 최하위 수준이다.

불행한 일이지만 한국 사람 중 10퍼센트만이 돈으로부터 자유롭다. 부유층 10퍼센트는 대부분 회사를 소유하고 있거나 지속적으로 수입을 창출하는 자산을 보유하고 있다. 회사를 소유한 사람은 주식 지분으로 배당을 받을 수 있고 부동산을 소유한 사람들 또한 정기적인 수입이 있다.

무엇보다 나는 한국에서 10퍼센트에 해당하는 사람들이 소유 주식에 대한 배당 소득의 대부분을 받고 있다는 사실에 주목했다. 전체의 90퍼센트가 넘는 배당을 10퍼센트의 인구가 받고 있다는 것은, 기업을 10퍼센트의 사람만이 소유하고 있다는 뜻이다. 그 10퍼센트의 사람들만이 자본가이며, 스스로 일하지 않고 '돈에게 일을 시키는 것'이다. 나머지 90퍼센트의 사람들은 돈이 일하는 대신 본인이 돈을 위해서 일하고 있었다.

부자는 계속 부자이고, 가난한 사람은 계속 가난해지는 구조일 수밖에 없다. 이처럼 주식 배당을 받지 못하는 90퍼센트의 사람들을 고객으로 만드는 동시에, 그들의 라이프를 조금 더 윤택하게 만들어주고 싶은 게 내가 한국에서 펼치고자 하는 일의 가장 큰 이유이자 보람이다. 이는 또한 내가 스커더에서 배운 것을 한국에서 실천하는 것이었다.

앞에서 소개한 것처럼 스커더는 세계 최초로 고객의 이익을 극대화하기 위해 판매사를 거치지 않고 펀드를 직접 파는 '무수수료 펀드No Load Fund'를 시작했다. 고객이 직접 스커더를 통해 펀드를 구입하면 판매 수수료를 내지 않아도 되기 때문에, 고객에게 그만큼 유리하다. 정보통신의 발달로 미국 내에서 판매되는 대부분의 펀드들은 무수수료No Load이다.

하지만 한국의 상황은 달랐다. 과거 미국처럼 아직도 판매사를 통해서 대부분의 펀드가 판매되고 있었다. 자산운용사가 직접 판매하는 방식이 필요했고 그러기 위해서는 직접 고객과 만나야만 했다.

스커더에서는 이미 40년 전 고객과의 직접 만남을 실현하기 위해 자산운용사 최초로 펀드센터를 열었다. 스커더가 한 것처럼 나 또한 한국 최초로 펀드센터를 만들어 고객과 만나고 싶었다. 통상적으로 자산운용사는 지점이 있는 경우가 드물다. 대부분의 경우 펀드 판매를 은행이나 증권사에 위탁했기 때문이다.

하지만 나는 스커더가 했던 것처럼 직접 고객을 만나야 고객의 만족도가 커질 수 있다고 예상했으며 그러한 이유로 지점 오픈을 계획했다. 이때 지점의 위치는 사람들이 쉽게 접근할 수 있는 곳이어야 한다.

부동산을 통해 추천받은 곳들은 마음에 들지 않았다. 금융회사의 VIP 지점이 모여 있는 곳들을 추천했지만 우리가 가야 할 곳이 아니었다. 누구나 편안하게 금융교육을 받고 남녀노소 모두가 노후준비를 할 수 있도록 도와주는 곳이어야 했다.

누구나 쉽게 찾아올 수 있도록 1층으로, 그리고 경제독립을 원하는 보통의 사람들이 많이 모일 수 있는 곳으로 지점 위치를 정했다. 서울뿐만 아니라 지방 여러 지역에서도 오실 수 있게, 노약자도 쉽게 찾아올 수 있게 대중교통의 접근성이 좋은 곳으로 찾았다. 기차역이나 터미널에서 가까워야 하며, 지하철역에서 도보 5분 거리 내에 있는 곳을 선호했다.

사람들이 노후준비를 어려운 일이 아닌, 동네 편의점이나 슈퍼마켓을 가는 것처럼 쉬운 일임을 알게 해주고 싶었다. 그리고 그 공간은 통유리로, 안이 훤히 들여다보이도록 했다. 마치, 애플 스토어가 제품 체험하는 내부를 통유리벽으로 오픈하여 외부인의 흥미를 이끄는 것처럼 말이다. 이 열린 공간에서 강연을 듣고 노후준비를 하는 사람들의 모습이 다른 사람들에게 널리 널리 전달되기를 바랐다.

어린아이들은 용돈을 들고 와서 부모님과 계좌를 만들고 강연을 듣고, 은퇴하신 분들은 재정의 불안함을 달래고 지금부터라도 차분하게 노후준비를 시작할 수 있는 공간이어야 했다. 그리고 그분들에게 어떠한 차별도 느낄 수 없게끔 두루 살펴야 했다. 공간의 벽을 모두 허물고, 누가 들어와도 동등한 교육과 상담의 기회가 가능하도록 말이다. 물론 VIP 공간이 없어 특별하면서도 예외적인 대우를 받길 원하는 분들이 불쾌함을 표하며 발걸음을 돌리는 경우도 있었다.

하지만 우리가 만나야 하는 사람은 90퍼센트의 금융 혜택을 받지 못하는 소외된 사람들이었고, 모든 사람은 금융교육에 있어 동등한 기회가 제공되어야 한다. 앞서 얘기한 것처럼 주식을 소유하는 것이 자산 증식에 얼마나 중요한 일인지 모르는 90퍼센트의 사람들을 나는 메리츠자산운용의 지점에서 만나고 싶었다.

스커더는 1982년 고객의 투자를 돕기 위해 처음으로 '스커더 펀드센터'를 만들었다. 스커더가 한 것처럼 나 또한 한국 최초로 펀드센터를 만들어 고객과 만나고 싶었다. 직접 고객과 만나야 고객의 만족도가 커질 수 있다고 믿었다.

NDS CEN

국민의 90퍼센트가 나의 고객이다

한국 사람들은 강박적으로 무조건 부동산을 소유해야 한다는 생각을 갖고 있는데 이는 잘못된 편견이다. 부동산도 주식처럼 '돈이 나를 위해 일하게 하는 수단'은 맞지만, 부동산에 대한 집착은 확실히 잘못되어 있다. 심지어는 사회 초년생들조차 처음 월급을 받기 시작할 때부터 '집부터 사야 한다'는 바람을 갖는다고 할 정도로 그릇된 인식에 잡혀 있다.

한 젊은이가 워렌 버핏에게 "사회 초년생이 집부터 사는 것에 대해 어떻게 생각하십니까?"라고 질문했다. 버핏은 "목수가 있는 돈 없는 돈 다 끌어서 집을 샀을 경우를 생각해보자. 목수는 그 집의 부채를 갚는 데 일생을 바치게 된다. 집을 사는 대신 목수 일을 하면서 월세를 살고 남는 돈으로 투자를 해 자산을 늘리게 되면 나중에 훨씬 더 좋은 집을 살 수 있다"라고 대답했다.

사회 초년생들에게 진심으로 조언하고 싶다. 부동산에 대한 집착보다는 퇴직연금을, 연금저축펀드를 통해 주식에 반드시 투자하고, 월급의 일정액을 노후를 위해서 추가로 투자해보라.

여러 번 강조하지만 가능한 한 많은 국민들이 주식을 소유해야 한다. 주식에 대한 일반 사람들의 인식을 영어로는 '주식문화equity culture'라고 하는데, 한국과 일본의 주식문화는 세계에서 가장 열악한 수준이다. 두 나라 중에서도 한국이 훨씬 심각한 상황이며 퇴직연금의 주식 비중이 세계에서 꼴찌인 것이 이를 증명한다. 자산운용회사 직원조차도 퇴직연금을 원금보장형으로 선택한다.

원금보장형은 나의 귀중한 연금 자산이 일을 하지 않고 오랜 잠을 자고 있는 것과 마찬가지이다. 한국에는 퇴직연금의 자산 중 주식 비중이 70퍼센트를 넘으면 안 되는 법이 있을 정도로 주식 자산을 위험 자산으로 분류하여 제한하고 있다. 예를 들어, 주식 자산이 늘어나 70퍼센트를 넘으면 금융사에서 위험자산 비중을 줄이라고 연락이 온다. 주식 자산 자체를 위험하다고 분류하는 것부터가 사실 문제다. 오히려 교육을 통해 연령별로 주식 비중을 조정하도록 하는 것이 더 현실에 맞다.

내 생각엔 법으로 일률적으로 제한하는 것보다는 사회 초년생의 경우 100퍼센트까지, 은퇴에 가까운 사람은 40퍼센트까지로 가이드를 주는 것이 맞다. 연령 등을 고려하지 않고 일률적으로 70퍼센트로 규제하는 것은 주식에 대한 잘못된 인식이 바탕에 깔려 있는 것이다.

중산층이 두텁지 못하면 자본주의 체제에 위기가 올 수밖에 없다. 10퍼센트의 부자와 90퍼센트의 가난한 사람들로 구성된 사회는 갈등 요소가 생기면서 범죄 발생율이 증가한다. 가장 비근한 예로 지금 필리핀이 그러하다. 대한민국이 경제선진국의 위치를 유지하려면 가능한 중산층이 두터워져야 하며 자산가들이 많이 나오게 하는 정책을 써야 한다.

나의 고객은 특정 그룹이 아닌 전국의 노후준비를 원하는 사람들이었다. 한국에 돌아왔을 때 마주한 한국인의 금융문맹률은 너무나도 처참했다. 노후준비를 위해서는 전 국민에게 금융에 대한 교육이 필요하다고 절실히 느꼈다. 주식 투자에 관한 잘못된 편견을 없애기 위해, 그리고 노후준비를 위한 투자가 왜 필요한지에 대한 교육이 선행되어야 한다.

금융교육을 위해 메리츠자산운용의 CEO를 맡았던 지난 9년 동안 2,500여 번의 강연을 진행했고, 경제독립버스를 타고, 기차를 타고 전국 방방곡곡을 다녔다. 사무실 벽에 전국 지도를 걸어두고 최대한 다양한 지역으로 찾아갈 수 있도록 노력했다. 초반 몇 년간은 강연을 듣고도 투자에 대한 잘못된 선입견으로 불신하는 사람들이 있었고, 강연장에 단 두 명만이 찾아온 적도 있다.

하지만 나는 포기하지 않았다. 몇 명이 오더라도 강연을 진행했다. 그 한 사람, 두 사람의 인생이라도 분명 변할 수 있는 일이라 생각했기에 멈출 이유가 없었다. 그렇게 한결같은 마음으로 강연을 하면서 시간이 지나자 차츰 나를 찾는 사람들이 늘어났다. 학교, 공공기관, 군부대, 기업, 노동조합 그리고 교회에서까지 '투자와 노후준비'에 대한 이야기를 듣고 싶어 했다.

주니어 투자클럽과 주부 투자클럽을 개설해 집중적인 교육과 강연을 통해 상대적으로 자산을 갖기 어려운 자녀들과 주부들의 경제적 독립을 돕고자 했다. 그런 일환으로 주니어펀드를 출시했고 전국의 중학교와 고등학교 등을 다니면서 강연을 했다. 한 명이라도 부자가 나올 수 있는 토양을 만드는 것이 내 성스러운 목표이기 때문이다.

주니어 투자클럽의 경우 아이들이 실제로 돈을 가지고 투자하는 경험을 갖도록 하는 게 필요하다고 여겨져 '돈이 일하는 것'을 아이들이 직접적으로 체감하도록 하였다. 내 궁극적인 목적은 여유로운 자산가가 되어 어려운 친구와 이웃을 돕는 부자, 즉 선한 부자가 되게끔 교육하는 것이었는데, 이런 목표 때문인지 투자클럽을 운영하며 높은 수익률을 기록했고 수익을 얻은 아이들은 주변의 어려운 친구들을 돕기도 했다. 주니어 투자클럽과 주부 투자클럽은 내 기대를 상회하는 호응을 얻었다.

주식은 어릴 때부터 제대로 배워야 효과가 있다. 그런데 일부 매스컴에서는 사고파는 매매를 투자로 왜곡하여 전하는 경우가 있었다. 대학생들의 주식 경연대회를 보면 대부분 단기 수익률 게임처럼 보였는데 이는 마치 대학생들이 카지노 도박 경연대회에 참가한 양상과 비슷했다. 젊은 시절 주식투자와 도박의 차이를 인식하지 못하면 투자에 대해 부정적인 느낌을 갖게 되므로 제대로 된 금융교육을 할 수 있는 투자클럽을 만들어야겠다는 생각을 했다.

9년 동안 거의 주말과 휴일을 잊고서 열정적으로 일했고 그 결과 고맙게도 응답이 있어서 전국의 수많은 분들로부터 강연 초청을 받았다. 잠꼬대를 할 정도로 노후준비, 연금저축펀드, 퇴직연금부터 주식에 반드시 투자해야 한다고 강조하고 또 강조했다. 또한 단기투자를 절대로 하지 말고 장기투자를 해야 한다고 당부했다.

거의 일일 기준 두 차례 이상의 강연 스케줄에도 불구하고 피곤한 줄 몰랐다. 정말 많은 분들이 오셔서 호응해주셨다. 특히 나이 드신 노년층들도 내 강연에 깊은 관심을 가져주셨다. 음료수를 가져오시는 분, 편지를 써서 수줍게 건네시는 분이 계셨고 한번은 어떤 분이 지역 특산품을 선물로 주셨는데 부피가 커서 집에 가지고 오는 동안 힘은 들면서도 기분은 참 좋았던 기억이 있다. 나는 그분들로부터 너무나 큰 감동을 받았고, 중산층 자산가를 늘려 한국을 금융강국으로 만들겠다는 나의 계획이 옳다는 확신을 가질 수 있었다.

2,500여 회의 강연 중 인상적이었던 경험도 물론 많았다.

메리츠주니어펀드를 출시하고 전국을 다니면서 부모들에게 펀드를 소개하는 자리를 마련했다. 서울 지역의 한 강연장에서 있었던 일이다. 그날은 억수같이 비가 쏟아졌는데, 폭우를 뚫고 유모차를 끌고 와 열심히 강연을 듣던 아이 엄마가 있었다. 비 때문에 예정된 인원이 다 오지 못했지만, 먼 미래에 아이의 경제독립을 위한 엄마의 열정과 진지함이 느껴져 감동 받았던 기억이 있다.

탈북자를 대상으로 했던 강연도 기억난다. 탈북자들은 강연을 듣고서야 진정으로 '자본주의 국가'에서 살고 있다는 실감을 했다고 한다. 한 탈북 여성은 주식으로 기업을 소유할 수 있다는 사실에 너무 좋았는데 정작 남편은 남한에서 태어났는데도 불구하고 주식투자를 반대하는 아이러니한 상황이라고 했다. 이처럼, 북한 사회에서 태어나고 살다 온 탈북자가 듣기에도 자본주의 사회의 구성원이라면 자본가로 살아야 하는 것이 너무나 당연한 일인 것이다.

베트남 출신 다문화 가정을 상대로도 강연을 진행했다. 한국에 거주하는 베트남 이민자들이 단체 강연을 신청하고, 나의 유튜브를 번역하여 함께 보며 공부했다고 한다. 지금은 내 책을 베트남어로 번역하여 베트남에서 출판을 계획하고 있다.

교회에서의 강연도 내게는 빼놓을 수 없는 금융교육 미션이었다. 하나님이 나의 노후준비를 대신해주지는 않는다고 CBS 라디

오에 나가 이야기한 적이 있다. 십일조하듯이, 나의 노후를 위해 월급의 일부를 투자하는 것을 습관화해야 한다고 했다. 많은 선교사와 목회자도 평생 목회와 같은 선한 활동을 하면서 정작 본인의 노후준비가 안 되어 어려움을 겪는 이들이 많은 것이 현실이다. 그러자 '돈'에 대해 이야기하기를 꺼리는 교회에서 강연 요청이 들어오기 시작했다.

군부대를 찾아가서 했던 강연도 내게 각별한 보람을 안겨주었는데, 특히 군부대에서 들어오는 강연은 언제나 흔쾌히 응했다. 내 강연을 들은 군인들은 월급으로 투자하는 방법을 찾게 되었고, 군부대에서 《존리의 부자되기 습관》을 단체로 구입하여 읽었다는 소식도 들었다.

자동차회사 등 대기업의 노조에서 강연 요청이 들어와 나는 이렇게 이야기했다. 회사를 대상으로 한 투쟁은 월급이 아무리 올라도 노후준비에는 큰 도움이 안 되며, 주식을 소유하는 것이 월급 인상보다 훨씬 더 중요한 것이라고 이야기했다. 노조에서 주식 전문가를 초빙하는 것은 처음이라고 했다.

자본주의 시스템에 대한 이해도가 높아지면 노조 갈등도 상당 부분 해소될 수 있다고 나는 생각했다. 미국의 경우 과거에는 노조 갈등이 한국 못지않게 심각했지만 지금은 그렇지 않다. 그 이유가 직원들이 스톡옵션을 통해 주식을 보유하고 있기 때문이다.

강연 외에도, 사람들이 투자에 대해 더 이해하고 공부할 수 있는 자료를 만들었다. 고객들에게 정기적으로 보내는 펀드 보고서도 형식적으로 작성되던 관행을 고쳤다. 숫자와 그래프만 가득한 보고서가 아닌, 고객들의 노후자금이 어떤 회사에서 어떻게 쓰이고 있는지 누구나 쉽게 읽을 수 있는 '편지' 형식이었다. 나는 고객들에게 자산운용 보고서를 꼭 읽으라고 강조했고, 운용팀은 보고서를 읽어주는 강연을 따로 진행했다. 또한 노후준비와 아이들이 자본가로 성장할 수 있도록 책자를 직접 집필하여 만나는 사람들에게 나눠주기도 했다.

이러한 과정을 통해 사람들이 금융투자에 대해 갖고 있던 심리적인 진입 장벽을 낮추려 애썼다. 내가 유튜브(존리 라이프스타일 주식)를 시작한 것도 한국 사회에 중산층을 두텁게 하겠다는 목표를 구체적으로 실현하기 위함이었다. 말하자면 필연적인 선택이었지만 시작은 우연한 계기에 의한 것이었다. 직접 사람들을 만나는 것도 좋지만 시간을 절약하면서 동시에 많은 사람들을 만나서 메시지를 전달하기 위해서는 유튜브만 한 것이 없다는 메리츠의 동료 여성 펀드매니저의 조언을 받아들이면서부터다.

처음에는 유튜브 방송을 어떻게 하는지 전혀 아는 바가 없었지만 휴대폰 동영상 카메라앱으로 촬영을 하면 그 여성 직원이 편집해주는 방식으로 시작했다. 여러 면에서 열악한 상황이었지만 재미를 느꼈다. 그랬던 채널의 구독자가 지금 40여만 명으로 늘어났다.

아무리 강조해도 지나침이 없는 말인데, 금융에 대한 감수성은 어린 시절부터 만들어주는 것이 유리하다. 자녀들에게 빈곤을 대물림하려는 부모는 없을 테지만, 잘못 선택한 방법으로 인해 가난이 대물림되는 경우도 많다. 가난이 대물림되지 않으려면 어렸을 때부터 돈에 대한 교육을 하고 일찍부터 투자를 시작하게 하는 것이 가장 효과적인 방법이다. 복리의 마법을 경험하려면 투자를 일찍 해볼수록 유리하다.

그런데 우리나라 부모들은 국영수 점수를 높이는 것에 대한 투자가 가장 중요한 일이라는 뿌리 깊은 신앙과도 같은 편견이 있다. 공부를 잘 해서 좋은 대학에 가는 것만이 부를 가져오는 데 도움이 되는 일이라고 생각하는 것이다. 그러는 사이 자녀들의 감수성과 상상력의 통로는 막혀버리고 자본에게 일을 시켜서 경제독립을 하는 메커니즘에 대한 이해 역시 차단되고 만다.

여기서 내 이야기를 하자면, 나는 일곱 살 때까지는 상당히 부유한 환경에서 자랐다. 그러다 아버지의 사업이 기울면서 경제적인 어려움을 겪었다. 집이 은행으로 넘어가고, 빚쟁이들이 몰려오는 것을 목격하며 처음으로 '빚'이 무엇인지를 알게 되었다.

초등학교 4학년 때였을까, 집안 형편상 서울로 올라오게 되었는데 사직동에 위치한 은행에 계좌 하나를 만들었다. 그때 처음으로 돈이 일하는 경험을 하게 되었다. 은행에서 한 달에 일정 금액을 예금하면 몇 년 후 큰 금액으로 돌려주는 적금 통장이 어린 내

눈에 무척이나 신기했다. 이후 돈만 생기면 은행으로 찾아갔다. 당시에는 전산이 발달하지 않아서 푼돈을 가지고 반복해서 찾아가자 창구의 직원이 내게 귀찮음을 표하기도 했다.

금융이 항상 가까이에 있고, 일상적인 경험으로 다가오는 것은 매우 중요하다. 메리츠자산운용에 있는 동안 크리스마스, 설날, 어린이날, 수능 날 등 특별한 날이 되면 소비보다는 투자를 할 수 있도록 작은 행사를 계속해서 열어왔다. 영화관 체인인 CGV와 함께 행사를 진행하기도 했다. 금융 관련 영화 상영 후 영화 속의 금융 장면에 대해 설명하는 방식이었는데 많은 호응이 있었다. 사람들이 금융과 투자에 최대한 쉽고 재미있게 접근할 수 있도록 다양한 시도를 해왔다.

중고등학교 시절 나 역시 막연하게 공부를 열심히 해서 좋은 대학을 나오고 취직하면 돈을 잘 벌 것이라 생각했는데, 대학에 가보니 선배들 중에 부자라고 할 만한 사람이 딱히 보이지 않았다. 신입사원에서 부장까지 가는 데 걸리는 그 긴 시간을 보내고 싶지 않았고, 남들에게 멋있게 보이는 대기업에 취직한 선배들이 부럽지 않았다. 부자가 될 확률이 낮을 거라는 막연한 생각에서였다.

누나의 도움으로 처음 미국을 갔지만, 미국 사회에서 자리를 잡아 여유가 있었던 누나에게서 실질적인 경제적 도움은 거의 받지 못했다. 하지만 미국이라는 나라는 자기 나라에 한 번도 세금을 낸 적이 없는 내게 학비 보조 프로그램finanacial aid을 통해 4년 내

내 대학에서 경제적 어려움 없이 공부를 할 수 있는 혜택을 주었다.

교육을 받을 기회는 한국도 미국처럼 부자와 가난한 사람에 대한 차별 없이 제공되어야 한다. 인간에 대한 존중, 휴머니티에 대한 경외, 나는 그것이 궁극적인 자본의 존재 이유이면서 가치라 여긴다.

영화를 통해 금융에 사람들이 접근할 수 있도록 전국 **CGV**를 다니며 강연을 하는 등 일반인들의 금융문맹 탈출을 위한 다양한 시도를 했다.

희망 프로젝트 탐구중심수업
금융문맹 탈출
meritz

전국의 학교, 군부대, 교회, 다문화 가정, 탈북자, 기업체 등 주말과 휴일을 잊고서 나를 찾는 곳이라면 어디든 달려갔다. 나의 이야기에 귀기울여주시는 분들을 보면서 '금융강국 대한민국'을 만들겠다는 나의 계획이 옳다는 확신을 가졌다.

"금융에 대한 편견을 깨뜨리는 교육을 하루 빨리 시작해야 한다. 금융이 발달한 나라일수록 위기를 극복하는 힘이 있다."

2장

숨이 막히는 편견과 경직성

10

THE BEGINNING OF NEXT 10 YEARS

한국의 성장을 막는 것들

메리츠자산운용에서 CEO로 9년을 일하는 동안 2,500회의 강연을 하면서 여러 사람들을 만났다. 그럴 때마다 그들을 통해 느낀 것은 안타깝게도 숨이 막힐 것만 같은 한국 사회의 경직성과 편견이었다. 한국 사회에 깊이 뿌리 내린 문화적인 관습의 한계를 발견한 것이다.

예컨대 상명하복의 권위적인 문화, 서열 중시의 수직적인 문화, 항상 남과 비교하는 문화, 질문하지 않는 문화 등이 나를 숨 막히게 했다. 이러한 경직성과 편견들이 대한민국의 질적인 성장을 가로막고 기업의 성장에도 부정적인 영향을 끼친다는 것을 알았다.

1997년 한국이 경제위기를 겪은 이유에 대해선 여러 가지 분석이 가능할 텐데, 내 생각에는 결국 노동과 자본의 경직성으로부터 기인한 요인이 가장 크다. 한국이 경제발전을 하면서 노동과 자본이 자연스럽게 부가가치가 높은 곳으로 흘러야 하는데 경직된 사고와 문화로 인해 일종의 동맥경화 현상이 일어난 것이다. 한국 사회의 경직성은 사회 곳곳에 뿌리 깊게 자리 잡고 있다.

시험 점수가 이 세상에서 가장 중요한 것처럼 학생들이 믿도록 하는 교육 제도와, 학생들의 점수 경쟁을 체념하듯이 방치하는 교육 관계자들의 경직된 사고가 우선 나를 놀라게 했다. 이 책에서 거듭 강조하는 말이 될 텐데, 금융회사에서 가장 중요한 사람들은 돈을 맡긴 고객들이다. 고객의 이익보다 임원들의 이익이 우선시 된다면 그 회사의 미래는 기대하기 힘들다. 마찬가지로 학교에서 가장 소중한 사람은 학생들이다. 놀랍게도 학생들에게는 혹독하게 경쟁을 시키면서 그들을 교육시키는 학교들은 정작 경쟁하지 않는다.

미국에서는 학생들이 관심을 두고 있는 학교의 정보를 학교를 방문해 쉽게 얻을 수 있다. 각 학교는 '우리 학교를 선택해주세요' 하며 학생들을 설득하는 노력을 한다. 다른 학교와의 차이점, 미래의 인재를 키우기 위한 각종 프로그램을 소개한다.

한국은 학교들이 이러한 노력을 하고 있지도 않거니와 그런 노력이 필요하지 않다고 생각한다. 이미 학교들의 서열은 정해져 있기에 학생들이 서로 경쟁해 그 학교에 들어가려고 온갖 사교육을 받으며 안간힘을 쓴다. 중고등학교의 경우 학교마다 자신들의 교육 철학을 소개하기보다는 무슨 대학교에 몇 명 합격했다는 것을 가장 큰 성과라고 발표한다.

학교들 간에는 경쟁하지 않고 학생들만 무한경쟁의 사지로 몰아넣는 교육제도가 나는 한국문화 경직성의 출발점이 아닐까 생각한다. 학교의 입학 정원을 국가가 정하는 것도 이제는 지양되어야 한다. 국가 주도의 방식에서 민간주도 교육으로 바뀌어야 할 때가 왔다. 그 변화는 학교들이 경쟁적으로 학생들을 고객으로 간주하여 마케팅을 하는, 어쩌면 너무나 당연한 변화부터 시작되어야 한다.

기업의 문화 또한 마찬가지다. 차별성, 변별력이 떨어지는 시험으로 채용하는 문화, 과도한 의전문화, 질문하지 않는 문화, 연차가 성과보다 중요시되는 문화들이 그 기업의 조직을 숨막히게 한다.

금융산업도 마찬가지다. 대부분 은행이나 보험회사의 작은 자회사로 편입되어 있는 자산운용사, 2~3년의 임기가 정해진 경영진 등 한국 금융의 발전을 저해하는 경직성을 예로 들자면 끝이 없을 것이다. 이것들은 뿌리 깊은 경직성이 낳은 나쁜 관행들만 계속해서 양산할 뿐이다.

일본 문화의 경직성이 현재 일본 경제 및 사회의 쇠락과 위기를 가져왔다는 데 많은 전문가들의 견해가 일치한다. 일본 역시 상사의 명령에 무조건 복종하는 문화, 질문하지 않고 시키는 대로 하는 문화, 부동산에 대한 경직된 사고 등이 만연해 있고 금융업의 중요성을 간과한 결과 국가 경쟁력이 하락했다.

경직성을 유연하게 바꾸기 위해서는 앞으로 국가가 주도하던 일들을 특혜가 아니라 과감하게 민간에게 돌려주는 사고의 전환이 필요하다. 과거에 국가가 주도해서 일사불란하게 가시적이고 단발적인 성과를 이루었던 분야도 이제는 민간 주도로 그 주체가 바뀌어야 한다. 경제, 문화, 사회, 국민의 욕구 등 모든 분야가 다양해졌기 때문이다.

그런데 민간에 맡겨두면 혹시 부작용이 생길 것을 두려워한 나머지 정부는 규제를 푸는 것을 주저한다. 규제를 철폐하면 오히려 부작용보다 훨씬 큰 가능성과 이익이 돌아온다.

한국은 이제라도 과감하게 규제를 철폐하고 경직성을 깨뜨리는 노력에 매진해야 한다. 사회 전반에서 다양성을 존중하는 교육과 문화를 활성화하고, 돈에 대한 교육 즉 금융교육을 하루라도 빨리 조직적으로 시행해야 한다. 금융이 발달한 나라일수록 안팎에서 위기를 맞더라도 이를 극복하는 저력은 언제든지 발휘할 수 있다.

경직성과의 싸움은 교육에서부터

한국의 교육제도 개편 역시 숨 막히는 경직성을 깨뜨리는 것부터 시작해야 한다. 교육 당국의 주도 아래 모든 학생들이 같은 과목을 배우고 같은 시험을 보면서 학생들이 평가되고, 진학률에 따라 학교의 순위가 매겨지는 관행부터가 나는 숨 막히는 경직성이라고 말하고 싶다.

학생 선발은 학교가 알아서 할 일이고 입학 정원도 학교 스스로 결정해야 한다. 교과서 등도 학교 교사가 선정하는 것이 더 자연스럽다. 한국에서는 획일성을 가진 제도가 가장 정의롭고 공정한 방법이라고 믿는 경향이 있는데 이러한 방식에 동의하기는 힘들다.

예를 들어 두 학생이 있다고 가정하자. 한 학생은 집안이 부유해서 공부에만 전념할 수 있지만 다른 학생의 경우 어려운 집안을 돕기 위해 일을 해야 한다. 이 두 학생에게 똑같은 시험을 치르게 하고 점수만으로 합격 여부를 결정한다면 가난한 학생은 절대적으로 불리할 수밖에 없다. 조금 점수가 부족해도 가난한 학생에게 기회를 주는 것이 더 정의롭고 공정한 룰이 아닐까. 사회에도 좋은 시그널을 줄 수 있는 결과일 것이다.

미국의 경우엔 소수민족들이 처한 열악한 환경을 감안하여 하버드대학 등 아이비리그의 학교들이 성적과 관계없이 10퍼센트의 정원을 소수민족으로 채우는 소수집단 우대정책Affirmative Action을 실행하고 있다. 더 나아가 미국의 대학들은 기부 입학이 보편적으로 허용되고 있다. 성적이 조금 떨어지더라도 부유한 학생이 많은 돈을 기부함으로써 다른 가난한 학생들이 학비를 내지 않고도 다닐 수 있다면, 이것이 더 공정하다고 볼 수도 있다.

최근 청년들이 코인에 투자하기 위해 빚까지 내는 경우가 많아 사회적으로 문제가 되고 있다. 사람들은 정부가 맡아서 이러한 문제를 사전에 막아야 한다고 하지만 불가능한 일이다. 규제로 부작용을 막을 수 있다고 믿어선 안 된다. 부작용을 막기 위해 규제를 하게 되면 그 규제로 인해 또 다른 부작용이 생긴다.

특히 금융은 국가가 간섭하는 것을 최소화해야 한다. 자칫하면 창의성을 죽일 수 있기 때문이다. 금융소비자를 보호하기 위한 가장 좋은 방법은 규제가 아니라 금융교육이다. 금융교육을 통해 국민들의 금융지식이 높아지게 되면 자연스럽게 자신들의 권익을 챙길 수 있다.

새로운 것을 시도하고 싶은 도전정신과 호기심, 그것으로 기대할 수 있는 즐거움이 늘 우선이어야 한다. 그러나 익숙한 것을 바꿨을 때 생길 수 있는 부작용부터 생각하는 문화, 남들과 같아야 한다는 강박관념, 새로운 것을 시도하는 것에 대한 두려움이 클 때 경직성의 박스 두께는 콘크리트 벽처럼 두꺼워진다. 이런 두려움을 깨겠다는 용기와 박스를 깨겠다는 의지가 없으면 규제 철폐는 영영 불가능하다.

다시 말해 근본적인 사고의 전환이 없으면 규제는 계속 존재한다. 사회의 근간을 포지티브 시스템positive system에서 네거티브 시스템negative system으로 전환하는 용기가 필요하다. 다양한 사람이 다양한 의견을 내는 것이 전 사회적인 문화의 영역에서 허용되어야 한다.

네거티브 시스템은 몇 가지 금지해야 할 것만 제외하고는 모든 것을 허용하는 시스템이다. 포지티브 시스템은 허가된 사항만 할 수 있는 제도다. 이 제도는 새로운 것을 시도하려면 일일이 허가를 받아야 하고 법까지 개정되어야 하는데, 그 과정에서 창의성을 가진 기업이나 개인은 기회를 얻지 못하게 되고 좋은 아이디어가 사장되고 만다.

한국의 교육과 금융에는 반드시 네거티브 시스템이 적용되고 정착되어야 한다. 한국의 교육제도와 금융권에는 많은 법과 규제, 포지티브 시스템의 관행이 존재한다. 제도와 법은 절대로 세상의 변화 속도를 따라가지 못한다. 절대로 해서는 안 되는 몇 가지 외에는 자유롭게 도전할 수 있게 만들어야 한다. '이건 해도 된다'에 익숙한 한국인들은 허용되는 규정이 없을 경우 액션을 취하려 하지 않는다. 이 또한 경직성이 내면화되며 나타나는 현상이다.

여기서 영화감독으로 큰 성공을 거둔 스티븐 스필버그의 이야기를 들려주고 싶다. 스필버그는 자신이 어릴 때 어머니가 '하지 말라고 한 것이 없었다'고 회상했다. 그래서 온갖 동물을 방에서 길렀다고 한다. 그 덕분에 스필버그의 상상력은 심대해졌고, 영화 〈ET〉를 시발로 아무도 시도할 수 없는 아이디어가 담긴 작품들을 남길 수 있었다.

미국에서 다양한 자산에 다양한 방법으로 투자하는 자산운용사가 많이 생기는 이유는 스티븐 스필버그의 어머니처럼 '하지 말라는 것'이 거의 없기 때문이다. 절대 하지 말라는 것 몇 가지가 존재할 뿐이다.

식탁에서 시작되는 자녀의 금융교육

유대인이 대체로 다른 민족보다 부유하다는 것은 잘 알려진 사실이다. 유대인이 부유한 이유는 매우 단순하고 명쾌하다. 어렸을 때부터 '돈'을 가르쳐주기 때문이다.

유대인은 일찍부터 돈에 대한 교육을 받기 때문에 돈에 대해서 긍정적인 생각을 하게 된다. 돈을 하느님이 주신 선물이라고 배운 그들은 돈의 노예가 되지 말고 돈의 주인이 되어 '돈에게 일을 시키라'고 교육받는다.

유대인의 돈에 대한 철학은 "돈에는 이름도 없고 꼬리표도 없다"는 말속에 잘 표현되어 있다. 누구나가 돈을 이해하고 돈을 상상하고 돈에 주체적으로 접근하면 돈의 주인이 될 수 있다. 반면에 돈을 감정적으로 다루면 크게 후회할 수 있다. 유대인이 얼마나 돈에 대한 감각이 발달했는지를 알려주는 재밌는 예화도 있다.

프랑스 구두 회사의 세일즈맨과 이스라엘 구두 회사의 세일즈맨이 모두 시장조사를 하러 태평양 한가운데 위치한 섬으로 출장을 갔다. 그런데 가서 보니 섬 주민들 중 누구도 신발을 신은 이가 없었다. 이를 본 프랑스 구두 회사 세일즈맨은 크게 실망을 하고 본사에 "이 섬 주민들은 신발을 아무도 신지 않습니다. 시장 가능성이 없으니 복귀하겠습니다"라고 보고했다. 반면 이스라엘 구두 회사의 세일즈맨은 "이 섬 주민들은 아무도 신발을 신지 않기 때문에 시장 성장 가능성이 무궁무진합니다. 저는 여기에 체류하겠습니다"라고 보고했다. 똑같은 현상에서 유대인은 본능적으로 돈 냄새를 맡은 것이다.

유대인이 경제적으로 여유로운 이유는 첫째, 무엇이든 일찍 시작한다. 유대인의 성인식은 남자아이는 13세, 여자아이는 12세가 되면 치러지는데 이때 성인식에는 많은 친척 친구들을 초대한다. 성인식을 하는 아이는 세 가지를 선물 받는다. 율법책과 손목시계 그리고 현금이다. 율법책을 선물하는 이유는 율법대로 행동하라는 것이고, 시계는 시간의 중요성을 깨닫게 하기 위함이며, 현금은 투자를 통해 경제독립을 시작하라는 뜻이다.

다른 민족에 비해 돈의 중요성과 돈이 일하게 해야 한다는 사실을 일찍 배우고 실천했기 때문에 유대인이 부유해진 것이다. 돈이 일하려면 가장 중요한 것이 시간이다. 많은 시간이 필요하다.

복리의 마법은 시간이 많을수록 기하급수적으로 늘어난다.

내가 한국에서 하려고 하는 프로젝트는 우리 아이들이 태어나자마자 투자를 시작하는 것이다. 나는 이 프로젝트를 수명이 다할 때까지 하려고 한다. 우리 자녀들이 부자가 되는 것이 다른 어떤 것보다 중요하기 때문이다.

유대인은 적어도 일주일에 한 번은 가족이 함께 모여 저녁 식사를 한다. 식사하며 한 주간의 일을 서로 공유하고 의논하면서 아이들은 자연스럽게 어른들의 세계를 접하게 된다. 그러면서 성인이 되어 자신이 무엇을 할 것인가에 대해 미리 준비하는 시간을 갖는다.

금요일 뉴욕의 풍경이다. 유대인들은 해가 떨어지기 전에 가족들과의 식사를 위해 귀가한다. 그리고 아이들과 그날 하루 있었던 일에 대해 자연스럽게 이야기한다.

얼마 전 1.5조 원에 자신이 창업한 브랜드를 매각한 스팽스Spanx의 CEO인 사라 블레이클리Sara Blakely는 자신의 성공에 얽힌 아버지와의 일화를 소개했다. 그녀의 아버지는 저녁 식사를 하면서 자녀들에게 "오늘 무엇을 실패했니"라고 물었다고 한다. 그녀가 "아무것도 실패하지 않았다"라는 대답을 하면 그녀의 아버지는 "실패하지 않은 것은 아무것도 시도하지 않은 것과 같은 거란다"라며 실망했다고 한다. 그런 경험을 통해 그녀는 실패를 부정적인 것이 아닌 긍정적인 개념으로 인식하였고, 실패를 하더라도 도전을 계속하는 것이 중요하다는 것을 깨닫게 되었다.

이처럼 가족과 함께 하는 저녁 식사 자리는 매우 중요하다. 그리고 이 자리에서 아이들을 가정 경제에도 참여시키는 기회로 만들어야 한다. 아이들도 부모님의 자산과 수입이 얼마인지, 현재 빚이 얼마인지 대략이라도 알려주어야 한다. 그래야 아이에게 돈에 대한 현실 감각이 생긴다.

강연 때 아이들에게 주식 투자를 가르쳐야 한다고 했더니 한 어머니가 "대표님 말씀대로 하고 있어요. 그래서 아이 이름으로 삼성전자 주식을 매주 사주고 있어요"라고 대답하였다. 그래서 내가 주식을 고르는 데 왜 아이를 참여시키지 않는지 반문한 적이 있다. 아이가 자본가로서의 주체적인 감각을 배워야 하는데 그 기회를 주지 않고 돈만 대주는 것은 의미가 없다. 피델리티Fidelity의 부회장인 피터 린치Peter Lynch는 자녀들과 쇼핑몰에 가서 자신들이 좋아하는 물건을 고르게 한 후 자녀들에게 그 물건을 제조하는 회사를 골라 투자하게 했다고 한다.

많은 부모들은 아이들이 기가 죽는 걸 바라지 않기 때문에 기꺼이 지갑을 열어 필요한 지원을 해준다. 하지만 내 생각에는 아이들에게 어릴 때부터 어려움을 겪어보게 하는 경험이 중요하다. 그래야 돈의 중요성을 알 수 있다. 부모가 언제든지 필요한 걸 지원해주는 순간, 아이는 부모의 지갑에서 모든 해결책이 나온다고 생각한다. 특히 한국에서는 부모님들이 자녀들에게 신용카드를 쥐어준다. 절대 하지 말아야 한다.

한국에 와서 느낀 것은 자녀들이 돈에 대해 전혀 배우고 있지 않다는 사실이다. 그저 학교나 학원에서 시키는 일만 잘 하고 성적만 좋으면 된다는 교육을 받는다. 어른이 되기 전에 이미 했어야 하는 투자를 하지 않았기 때문에 경제적으로 풍요로울 수 있는 시간을 놓쳐버리는 것이 안타깝기만 하다.

부자가 되려면 시간이 필요한데 그 필요한 시간을 엉뚱한 일에 소비해버린 까닭에 자녀들이 부자가 될 확률은 점점 줄어든다. 자녀들을 부자로 만드는 것이 어떤 것보다 중요하다. 자녀들을 부자로 만들기 위해서는 하루라도 일찍 시작해야 하며, 그 실마리인 '돈'에 대한 이야기는 가족과의 식탁에서 시작되어야 한다. 그리고 그 대화, 토론을 통해 아이는 다양한 선택에 대해 배운다.

나는 미국에서 유대인 동네에 살았고, 나의 두 아들은 대다수 학생이 유대인인 학교를 다녔다. 유대인은 한국처럼 교육열이 높았으나 그 교육 방법이 우리와는 달랐다. 어떤 특정한 학교에 진학해야 한다거나 시험에 연연하지 않았다. 공부를 잘 하는 것이 우선순위에 없었다.

유대인은 아이에게 자신들이 원하는 진로를 택해서 다양한 직업으로 나아가게끔 한다. 각자 다른 직업을 갖기 때문에 경쟁에 시달리지 않는다. 자신이 원하는 다양한 분야에 진출한 유대인들은 남을 이기는 것보다는 저마다 자신이 원하는 삶을 추구하다

보니 자연스럽게 성공적인 삶, 다시 말해 만족감과 행복감을 느끼는 삶을 영위해나간다. 나 역시 유대인의 교육관을 보며 내 아이가 원하는 길로 나아가게 했다.

그런데 한국은 유대인과 달리 부모가 아이에게 진로를 가이드하는 경우가 빈번하다. 남들이 선망하는 직업을 위해 모든 아이들이 경쟁을 하니 경쟁률이 높아지고 시험 결과에 더 연연할 수밖에 없는 악순환이 되풀이된다.

내가 경험한 유대인의 교육은 '다양성'의 가치를 중히 여겼다. 이스라엘이 전 세계 국가 중에서 창업비율이 1위인 이유는 어릴 때부터 자본가가 되는 방법을 배우고 경험으로 체득했기 때문이다. 이스라엘의 아이들은 부모로부터 '부자가 되어서 어려운 사람을 도와주라'는 얘기를 어려서부터 듣고 자란다. 현재 내로라하는 많은 금융회사의 창업주가 유대인인 이유가 바로 여기에 있다.

아이를 자본가로 키우는 일은 유대인처럼 가정에서 부모로부터 시작되어야 한다. 한국도 부모 세대의 인식만 바뀌면 충분히 가능한 일이다.

숫자에 대한 집착

우리나라는 숫자에 대한 집착이 대단하다. 아주 어린 나이부터 정량화된 수치로 사람들의 역량을 평가하고 줄 세우는 것이 익숙한 나라이다. 내가 볼 때 이것 역시 한국사회의 성장을 저해하는 치명적인 관행이다.

초등학교에 입학하자마자 성적순으로 등수를 매기고 아이들은 점수 경쟁에 내몰린다. 심지어는 초등학교 입학 전부터 점수 경쟁의 지옥 속에서 살아간다. 점수 경쟁에 내몰린 아이들은 스트레스에 시달리고 점수가 나쁜 아이들은 낮은 자존감으로 잔뜩 주눅들게 된다. 부모들은 그러한 자녀들을 두고 볼 수 없으니 대부분의 수입을 혹은 수입보다 더 많은 비용을 사교육에 쏟게 된다. 경쟁이 심화되니 선행 학습은 기본이고, 점수에 집착하니 아이들의 창의성과 개성은 모두 없어지고 만다. 시험 점수가 인생의 전부가 된다.

근소한 점수 차이로 등급이 나뉘고, 1~2점을 더 받아 등급을 올리겠다며 아등바등한다. 그것이 인생에서 가장 중요한 일이라 여기며 말이다. 불행하고 안타까운 일이 아닐 수 없다. 초중고의 교육 관행이 대학으로, 심지어 회사에까지 연장되는 현실이 씁쓸하기만 하다.

한국의 교육 병폐는 투자를 담당하는 애널리스트들이 작성하는 기업에 대한 리포트에도 잘 나타난다. 어떤 기업도 똑같을 수는 없다. 어떤 기업을 추천할 때 가장 중요한 척도는 당연히 그 회사 경영진의 자질과 그 회사가 가지고 있는 숫자로 따질 수 없는 경쟁력이다. 숫자로 나타낼 수 없는 것들이 훨씬 더 중요하다.

많은 기업 분석 리포트를 보면, 가령 A사의 PERPrice-Earning Ratio•는 20인데 B회사의 PER는 10이니까 B가 훨씬 저렴하다며 단순 비교를 한다. 숫자에 연연하는 사람들은 진정한 가치를 판단하지 못한다. 창의적인 생각을 하지 못하기 때문에 남이 이미 쓴 것에 의존하는 편안함을 즐기려 한다.

은행에 취직하거나 공무원이 되는 것 또한 시험 점수에 의존해

• 주가수익비율. 시장에서 거래되는 주식가격을 주당순이익으로 나눈 값이다. 주당순이익에 비하여 현재 주식 가격이 높은지 낮은지를 판단하는 기준이 된다.

서 직원을 선발하는 것을 마치 가장 공정한 방법이라고 여긴다. 공정한 것보다는 편의성이라는 표현이 맞지 않을까?

사람의 능력을 평가하는 데 시험 점수가 무슨 의미가 있을까? 취직할 때 시험을 보고 그 점수로 선발하는 한국의 채용 문화에 외국인들은 매우 낯설어한다. 한국에 와서 처음 들어본 '취준생'이라는 단어가 내게는 너무 어색하고 낯설었다. 취직 준비를 왜 따로 해야 할까? 대학교에서 4년 동안 공부한 것으로 충분할 텐데 왜 취직 준비를 따로 해야 할까? 이 역시 점수에 매달리기 때문에 생기는 기현상이다.

은행에서 공정한 인재를 뽑기 위해서 블라인드Blind 방식을 채택한다고 하는데 나는 잘못된 방법이라고 생각한다. 은행에서 일하는 직원에게 요구되는 가장 중요한 덕목은 성실, 고객을 대하는 진정성 있는 태도가 아닐까? 이것은 시험 점수로 판단할 수 없다. 시험 점수가 좋은 것은 회사에서 훌륭한 직원이 되는 것과 사실 별 연관성이 없다.

미국의 공인회계사 자격증시험CPA의 합격점은 75점이다. 75점으로 합격한 사람은 많지만 74점으로 떨어진 사람은 없다. 재검토를 요청하는 사람들이 많을 것을 우려해 불합격한 사람들의 점수를 69점 이하로 맞추기 때문이다. 시험을 어느 주에서 봤느냐에 따라 점수가 달라지기도 한다. 회계사가 수요에 비해 많이 부족한 알래스카 같은 주에서는 점수를 후하게 채점해서 조금 실력이 부족하더라도 커트라인인 75점 선으로 올려주는 반면, 회계사가 남아도는 주에서는 채점 기준을 까다롭게 적용해 합격자를 줄이는 운영의 묘를 보인다. 이는 점수에 집착하지 않은 좋은 예일 것이다.

미국의 SAT 시험도 마찬가지다. 한국에서는 수능 점수 1점 차이로 합격과 낙방이 결정되기도 하지만 미국에서는 SAT 점수가 어느 정도 수준이 넘으면 대학교 입학에 큰 영향을 끼치지 않는다. 대학교도 입학생들의 평균 SAT 점수를 공개하지 않는다. 중요하지 않기 때문이다.

메리츠자산운용 시절, 어느 날 성과급에 불만이 있는 직원이 찾아왔다. 그는 입사 3년 차였는데 2년밖에 되지 않은 직원의 성과급이 자신의 성과급보다 많은 것에 대해 항의했다. 회사에 기여한 것에 비해 성과급이 낮지 않냐고 항의하는 것이라면 이해하겠지만 입사 연도가 앞서는데 성과급이 낮다고 항의하는 것을 나는 이해하기 어려웠다. 이렇게 생각하는 직원이 대다수라면 그 기업의 장래는 비관적일 수밖에 없다. 입사 몇 년 차라는 숫자에 연연하는 한국의 현상이 내게는 기이하게 여겨졌다.

고객에게 펀드를 권유할 때 투자 성향이 공격형인지 아닌지를 숫자로 표기하는 것 또한 나에게는 무척 어색한 방식이었다. 공격형인지 아닌지를 어떻게 숫자로 표기할 수 있을까.

수천만 명의 투자 성향을 일률적으로 숫자로 표기할 수 있다고 생각하는 것 역시 숫자에 대한 집착이다. 투자경험 연차가 낮은 어린 세대는 오히려 가장 공격적으로, 가장 장기적으로 투자할 수 있음에도 경험치가 낮기 때문에 안전형으로 점수가 분류되는 것이 참 아이러니했다.

John Lee
Next 10 years

개인의 역량을 숫자로 평가할 수 있는가

나는 회계사로 처음 사회생활을 시작했다. 아이러니하게도 숫자와 불가분의 관계에 있는 회계사로 일하는 동안 미국 사회가 숫자를 맹신하지 않는 사회라는 걸 깨달았다.

미국 기업의 회계 장부를 보면 최소 단위가 백만 달러인 경우가 대부분이다. 어차피 정확할 수 없는 것이 현실이기 때문에 미국 회사의 회계 장부상의 모든 숫자는 '추정치' '추산'으로 표현된다. 그런데 한국은 1원 단위까지 맞춘다. 한국 사회의 숫자에 대한 강박관념 때문이 아닐까 싶다. 고정된 박스에 갇혀 숫자에만 집착하면 당연히 큰 그림을 볼 수 없다. 박스 밖에 놓여 있는 큰 그림과 중요한 것을 보지 못하는 오류를 범하게 된다.

회계 감사를 할 때 회계사와 생각하는 숫자와 장부상의 숫자가 차이가 나는 경우가 대부분이다. 보통 그 차이가 회사의 규모에 따라 다르기는 하지만, 차이가 100만 불 미만이면 신뢰성이 있다고 판단한다. 미국 회사들은 어차피 모든 숫자는 100퍼센트 맞을 수가 없고 맞추려고 노력하는 것 자체가 시간 낭비이며 어리석은 짓이라는 공통된 인식이 있다.

피트 마윅에서 회계사로 일할 때였다. 입사한 지 얼마 안 되는 어느 회계사가 상사의 지적에도 불구하고 숫자에 연연해서 작은 단위까지 맞추려고 시간 낭비하다가 결국 해고를 당하였다. 작은 숫자, 점수, 순위에 집착하는 문화로부터 하루빨리 탈피해야 한다. 숫자의 집착으로부터 벗어나야 창의적이고 대담한 아이디어가 생긴다.

숫자로 개인의 역량을 평가하는 성과급 제도에 대해서 말하지 않을 수 없다. 이 제도가 과연 객관적인지 의문이 든다.

메리츠자산운용에서 직원들의 성과급을 결정하기 위한 제도 중에 이해가 안 가는 부분이 있었다. 근로성과를 점수화해서 성과급 최대금액과 최저금액을 정하는 것이다. 메리츠자산운용을 경영하면서 나는 그 제도가 불합리한 제도라 생각해서 적용하지 않았다. 숫자는 어차피 사람이 결정하기 때문에 정확성에 대해 의문이 갈 수밖에 없고 직원의 성과는 숫자보다는 매일 직원들과 같이 일하는 나 자신이 가장 잘 판단할 수 있다고 믿었기 때문이다.

내가 적용한 성과급 결정 과정을 어떤 직원들은 합리적이지 않다고 생각하기도 했지만 내가 볼 때는 가장 합리적이었다. 직원이 어떻게 일하는지 같이 일을 하는 동료보다 더 잘 아는 제도라는 게 존재할 수 있을까. 같이 일하는 사람의 눈이야말로 숫자나 지표보다 더 정확하다.

내가 일했던 미국 회사 어디에도 점수에 집착하는 성과급 제도라는 시스템은 존재하지 않았다. 나의 성과급은 펀드의 성적 그리고 나의 직속상관이었던 닉 브랫이 결정했다. 상사는 성실성, 열정, 창의력, 잠재력 등 여러 면을 고려하여 직원의 역량을 평가한다. 수치화, 정량화로 인한 리스크를 보완할 수 있는 장치가 바로 상관의 평가인 것이다.

그런데 한국의 대다수 기업들은 직원을 평가할 때 개개인이 가진 역량과 성향 등을 다양한 각도에서 다양한 기준으로 평가하기보다는 수치화하려고 한다. 정해진 정형화된 숫자라는 틀 안에 들어가야 제대로 평가를 받는다고 생각한다. 나는 그것이 신기하게만 느껴졌다. 숫자를 만드는 것 또한 결국 평가자의 주관에 영향받을 수밖에 없는데, 그것에만 의존하는 것은 매우 불완전하고 위험한 일이다.

한 사람이 가지고 있는 잠재력, 상상력, 성실함, 열정을 어떻게 정확하게 점수화할 수 있을까. 점수화하는 순간 많은 왜곡이 일어나고 잘못된 판단이 일어날 개연성이 커진다. 그럼에도 우리 사회는 정량화하는 것을 좋아한다. 이것 역시 경직성이 낳은 결과이다.

내가 경영을 맡은 메리츠자산운용의 평가 기준이 다른 회사들과 왜 다른지에 대해 많은 사람들이 의아해하곤 했다. 경직성을 없애는 것은 그렇게 고정되어 있는 박스를 깨고 나오는 것이다. 어렸을 때부터 점수에 집착한 사람은 박스에서 나올 생각을 하지 못한다. 미국에는 취직 시험이라는 것이 없다. 직원을 뽑을 때 고려해야 할 사항이 너무나 많기 때문에 시험 자체가 무의미하다고 판단한 것이다.

퇴직연금의 주식 비중이 70퍼센트가 넘지 못하게 만든 룰 또한 숫자에 대한 집착의 소산이다. 숫자에 기반한 제재가 오히려 고객의 투자 자유와 부의 증식에 방해가 될 수도 있다.

수없이 반복되는 규제 완화나 철폐의 요구가 쉽게 이루어지지 않는 이유는 아직도 한국 사회가 숫자에 대한 집착과 맹신에서 벗어나지 못했기 때문이다. 숫자는 완전무결한 것도 아니고 단지 수많은 참고자료 중 하나일 뿐이다.

숫자로부터 자유로운 대한민국을 상상해본다. 나는 그게 불가능한 일이 아니라고 생각한다. 한국인의 숫자에 대한 지독한 집착, 점수경쟁, 맹신을 이제부터라도 버리면 얼마든지 가능하다.

주 52시간제 노동시간 제한은 아이들에게 적용되어야 한다

한국에서 회사를 경영하면서 가장 이해가 가지 않는 제도를 들라면 나는 근로 시간을 주 52시간으로 제한하는 제도를 들고 싶다. 근로자들의 과도한 노동을 법적으로 방지하고자 하는 제도 자체의 의도는 좋지만, 문제는 이 제도를 일률적으로 모든 업종에 적용한다는 것에 있다.

유럽에 단체 여행을 간 적이 있다. 관광객들을 태우고 가는 버스가 갑자기 시동이 꺼지는 일이 발생했다. 관광객들이 항의하자 운전기사의 설명은 자신의 근로 시간이 초과되었으며, 시스템에 의해 버스의 시동이 저절로 꺼졌다는 것이다. 그러면서 다른 기사가 올 때까지 기다려달라고 했다. 이 운전기사는 기사의 안전과 승객들의 편의를 위해 정부가 노동시간을 제한하고 관여하는 것이 당연하다고 생각한다. 비행기 조종사들의 근로 시간을 철저히 관리하는 것도 비슷한 맥락이다. 같은 일을 반복적으로 해야 하는 생산직에서 일하는 근로자들이 근로 시간에 대한 보호를 받는 것은 당연하다. 하지만 근로 시간이 애매한 다른 직종에까지 적용하는 것은 또 하나의 경직된 사고 혹은 획일성에 해당한다.

요즘은 재택 근무도 자연스럽게 이루어지는 마당에 52시간의 근로 시간을 강제로 적용하는 것은 한 국가의 경쟁력을 깎아내리는 일이다. 정부가 관여하기보다는 기업들이 자체적으로 알아서 근로 시간을 정하는 것이 가장 좋은 방법이다.

내가 생각할 때 52시간이 진심으로 적용되어야 할 대상은 어른들이 아닌 우리의 어린 자녀들이다. 우리 아이들은 거의 주 80시간의 학습 노동에 시달리고 있다. 단순한 노동보다 점수 경쟁을 해야 하는 학습 노동은 육체적인 고통뿐 아니라 정신적 고통 측면에서 훨씬 가혹하다. 가장 먼저 52시간 제도를 도입해야 하는 대상은 바로 아이들이다.

유대인과 한국인의 공통점으로 자녀에 대한 부모 세대의 남다른 교육열을 들 수 있다. 둘 다 자녀들의 교육을 어떤 것보다도 우선한다. 그런데 왜 유대인은 풍요로운 삶을 영위하는데 한국의 젊은이들은 불안감에 시달리면서 행복하지 못한 경우가 많을까?

내가 아는 유대인들의 대답은 아주 간결하다. 그들은 한국의 교육 제도가 교육을 빙자한 인권 침해에 가깝다고 이야기한다. 선행 학습을 강요하고 밤늦게까지 학원에 보내는 것은 교육이 아니고 차라리 고문에 가깝다는 것이다. 나도 그 진단에 동의한다.

다시 강조하지만 일주일당 법정 근로 시간을 52시간으로 제한하는 제도는 우리 아이들에게 가장 먼저 적용되어야 한다. 한국의 아이들은 평일에는 학교에서 8시간을 보내고, 학원에서 공부하다 밤 11시가 되어서야 돌아온다. 주말이면 또 주말반 학원을 다닌다.

심지어 고등학생을 대상으로 하는 72시간 공부 캠프에도 부모들이 줄을 선다. 한국의 고등학생은 학교 수업 외에 하루 평균 8시간 이상 공부하며, 평일 하루 여가시간이 2시간도 안 되는 아이들이 50퍼센트가 넘는다. 이렇게 대학 입시만을 위해 짧게는 12년, 길게는 그 이상을 공부해서 원하는 대학생이 되었을 때, 오히려 초등학생들보다도 공부 시간이 줄어드는 이상한 현상이 나타난다.

중국은 지난해 초중등학교 학생들의 사교육을 금지하고, 사교육 기관을 비영리기구로 등록 및 신규 허가를 금하는 조치를 취했다. 이로 인해 중국 사교육 시장은 80퍼센트 이상 무너져 내렸다. 이 같은 조치를 발표하는 글에 이러한 구절이 포함되어 있었다.

"아이들의 잠잘 권리를 빼앗지 말아야 한다."

아이들은 학교에서 배우고, 그 외 시간은 자신이 좋아하는 공부나 취미생활을 하고 가족과 보내야 한다. 하지만, 우리 사회는 가장 보호해야 할 대상이며, 미래 사회를 책임질 우리 자녀들의 권리를 끊임없이 침해하고 있다.

우리 아이들이 사교육을 통해 경쟁에 내몰리는 게 아니라 학교들 사이에서 더 좋은 교육을 제공하기 위한 경쟁이 이뤄져야 한다. 한국의 학교들은 모두 똑같은 교과서와 똑같은 프로그램으로 아이들을 교육한다. 그런데 부모들은 그 과정을 외면하고 아이들에게 필요한 공부를 사교육으로 보완하려고 한다.

언젠가 경북에 있는 한 대안학교로부터 금융교육 강연 초대를 받은 적이 있었다. 시외버스와 택시를 타고 5시간에 걸려 도착했는데, 일반 학교와는 다른 파릇파릇 숨 쉬는 분위기가 있었다. 아이들과 선생님이 함께 만든 창의적이고 자유로운 교육시스템에 감탄하였고 오히려 나 자신이 힐링을 받고 온 시간이었다.

강연자에게 던지는 아이들의 질문은 매우 날카롭고 풍요로웠다. 나는 그 학교를 통해 한국에서도 다양한 교육이 가능하다는 걸 깨달았다. 이처럼 다양한 커리큘럼과 시스템을 가진 학교들이 한국에 더 많아져야 한다.

미국의 학교에서는 정해진 교과서가 따로 없이, 교사가 정한 책을 가지고 수업을 한다. 내가 한국에서 받은 역사 교육 중의 하나는 왕들의 이름을 순서대로 외우는 것이었다. 반면에 우리 아이가 미국 역사를 배울 때 미국 대통령 개개인에 대한 공부를 하는 것을 보고 굉장한 차이를 느꼈다. 각자 학생 자신이 원하는 대통령을 골라서 조사를 한 뒤 반 아이들에게 왜 이 대통령을 골랐고, 임기 동안 무슨 일을 했으며, 업적과 잘못한 부분에 대해서 자기 나름대로 발표하는 것이었다. 그러곤 다른 친구들의 발표를 듣고 자신의 생각을 질문하는 것이다. 다양성에 대한 존중과 깊이가 자연적으로 생성되는 교육이 아닐까 싶다.

아이들을 고객으로 대하는 교육이어야 한다

국가가 개입하는 것을 최소한으로 줄이고 새로운 직원이나 학생을 선발하는 것은 전적으로 기업과 학교에 맡겨야 한다. 미국의 경우 직원을 뽑거나 학생을 뽑을 때 정부가 거의 관여하지 않는다. 그 결과 다양한 인재들이 각 기업이나 학교의 필요에 따라 선발될 수 있다.

학교 교육도 국가가 관여하는 것을 점점 줄여야 한다. 학교 간의 경쟁을 유도하고 서로 다르게 운용되는 것을 권장할 필요가 있다. 학생 선발도 학교의 재량권이 높아져야 하는데 이처럼 학교가 원하는 학생을 뽑는 것은 너무나 당연한 일이다. 각 학교의 특성에 맞게끔 가장 효율성이 좋은 방식으로 개선될 필요가 있다.

미국 대학교가 세계 대학 순위에서 최상위권을 차지하는 이유도 자체적으로 학생들을 선발하기 때문이다. 미국의 학교는 저마다 특색이 있다. 어느 학교는 금융을 더 중요시하고, 어떤 학교는 인문학을 더 중요시한다. 이런 변별력과 경쟁력이 정부가 정해준 동일한 기준을 통해 점수로 학생을 선발한다면 유지가 가능하겠는가.

아이비리그의 경우 아버지가 그 학교를 나오면 자녀들이 같은 학교에 지원하거나 입학할 확률이 상당히 높다. 학교는 자신들이 원하는 학생을 뽑을 권리가 있고, 그럴 경우 모교를 잘 알고 이해하는 집안의 학생을 뽑는 것이 자연스러운 일이기 때문이다. 어느 누구도 부모가 같은 학교 졸업생이라고 해서 공정성 시비를 제기하지 않는다.

아버지가 자신이 다녔고 자녀가 다니고 있는 학교에 대해 자부심을 느끼고 기부를 하는 문화 또한 미국 교육의 특성이다. 막대한 기부금을 받은 아이비리그 대학들은 어려운 환경에 있는 학생들에게 양질의 교육을 제공한다.

한국에서 말하는 공정은, 모든 사람을 점수로 환원해서 뽑는 것을 가리키지만, 미국에서는 어려운 환경에 있는 아이들에게 성공할 수 있는 길을 열어주는 것을 공정이라고 생각한다. 앞서도 말했지만 어려운 환경에서 부모님을 봉양하느라 아르바이트를 하며 학업한 학생에게 합격에 필요한 점수를 동일하게 요구하는 것은 공정이 아니다. 진짜 공정은 그 아이가 컸을 때 그 어려움을 극복하고 더 나은 미래를 가질 수 있는 기회를 제공하는 것이다.

미국의 아이비리그 대학에는 장학금 제도가 없다. 공부를 잘하면 주는 장학금scholarship이 없고 대신 어려운 환경에 있는 학생들을 도와주는 학자금 지원financial aid만 있다. 통상적으로 아이비리그에 다니는 학생의 40퍼센트가 돈을 내지 않고 다닌다.

사실은 미국 사회가 가진 유연성에 나도 적지 않은 혜택을 입었다. 나 역시 미국에 처음 갔을 때 세금 한 번 내지 않는 이방인에 불과했지만 별다른 제약 없이 4년 동안 돈 한 푼 안 들이고 공부하는 게 가능했다. 덕분에 훗날 미국 사회에 평균 이상의 세금을 내는 것이 가능했지 않나 생각한다. 나와 같이 경제적으로 어려운 학생들에게 같은 등록금을 요구했더라면 나는 아마도 세금을 더 낼 수 있는 직업을 가지지 못했을 것이다.

한국도 기부 입학제도의 도입 및 확대를 적극적으로 고려해야 한다. 미국의 경우 많은 대학이 기부 입학을 시행하고 있고 경제적으로 어려운 많은 학생들이 혜택을 받고 있듯이 한국도 유연한 접근이 필요하다.

최근 한국에서 가장 많이 거론되는 이슈가 '공정'일 것이다. 앞에서도 얘기했지만 한국의 공정은 모든 것을 수치화해서 보여준다. 그것이 가장 안전하고 편리하기 때문이다. 점수로 산술해서 보여주면 아무도 불평하지 않을 거라 생각하겠지만 이것이야말로 가장 불공평한 제도가 아닐까.

왜냐하면 모든 개인의 환경은 동일하지 않기 때문이다. 성장 환경과 경험, 취향과 인성은 개개인마다 모두 다르다. 따라서 개인을 평가하는 기준 역시 다양해야 함에도, 일률적으로 획일화하여 평가하면서 그걸 공정하다고 말하는 것은 공정이 아닌 평가를 위한 편리성이 아닐까.

'아빠찬스'. 나는 이 단어가 굉장히 난처하게 느껴진다. 자본주의 사회에서 어차피 모든 사람은 평등하게 태어나지 않는다. 근데 이 사실을 두고 많은 사람들이 계층의 위화감을 조성한다. 네가 부자가 아닌 것은 너의 탓이 아니라고 하면서 미리 좌절을 안겨준다. 흙수저, 금수저라는 말을 주저 없이 내뱉는다.

그런데 내가 만난 금수저들은 나중에 부자가 아닌 경우가 많았다. 금수저들은 가지고 있던 자산을 써버리는 데 익숙한 사람들이고 흙수저들은 그것을 모으는 데 더 익숙한 사람들이다. 한국 사회의 구성원들은 태생적인 부의 조건이 인생을 좌우한다는 인식을 버려야 한다. 워렌 버핏은 이런 말을 했다.

"네가 가난하게 태어난 것은 네 탓이 아니지만 네가 가난하게 늙는 것은 네 탓이다."

한국의 교육 시스템은 아이들을 고객으로 대하는 것으로 전환해야 한다. 선생님이나 학부모가 고객이 되어서는 안 된다. 아이들이 학교의 고객이 되어야 한다. 아이들이 원하는 것이 가장 중요하다는 인식을 확실히 가져야 한다. 그래야 아이들 요구에 맞는 다양성 있는 교육이 가능해진다.

교육을 제외한 다른 산업은 이미 '고객' 중심이 된 지 오래됐다. 하지만 한국의 교육 산업은 여전히 고객 중심이 아니다. 아이들을 지나치게 통제하는 존재로, 훈육과 계몽의 대상으로만 취급한다. 아이들을 어른 취급해야 한다. 다시 한번 말하지만 아이들을 고객 대하듯이 대할 때 한국 교육의 진정한 개혁이 시작된다.

최근 미국 대학의 80퍼센트가 SAT 시험을 입학 기준에 포함하지 않기로 결정했다고 한다. SAT 점수가 학생들의 학습 능력을 평가하는 데 전혀 도움이 되지 않는다는 사실을 인정한 것이다. 보편 일률적인 시험 점수에 연연하는 경직성을 깨는 것이 얼마나 중요한 것인지 일깨워주는 사례이다.

이제는 우리 어른들이 아이들의 눈높이에 맞추는 교육이 필요하다. 아이들에게 어른들의 눈높이에 맞추어보라는 식의 교육은 이제 졸업해야 한다.

출산율과 시험의 관계

한국 사람들 중 심각한 저출산율에 위기감을 느끼지 않는 이는 없을 것이다. 그 정도로 한국의 저출산율 위기는 심각하다. 문제는 출산율이 떨어지는 것을 마치 자신과는 상관없는 이야기인 것처럼, 어쩔 수 없는 사회적 현상인 양 기정사실화한다는 점이다. 앞으로 한국이 직면할 일을 제대로 이해하지 못하고 있어서다.

출산율이 떨어지면 우선 외국 기업들이 한국에 투자하려고 하지 않는다. 이것은 매우 치명적인 리스크로 외국 자본의 투자가 정체될 경우 그 나라의 국가 경쟁력은 급속도로 하락할 수밖에 없다.

또한 국민연금 제도가 유지되기 위해선 연금을 적립하는 세대가 계속 안정적인 숫자를 유지해야 하는데, 지금 같은 저출산율 상황에서는 연금을 적립하는 사람보다 수혜자가 월등히 많아져서 노령 인구의 삶에 필연적으로 심각한 위기가 찾아올 수밖에 없다. 노인 빈곤율이 노인 자살률과 범죄율의 상승으로 이어질 것은 불 보듯 뻔한 일이다.

세계적으로 출산율에 영향을 미치는 가장 큰 요인은 도시화라고 한다. 사람들이 도시에 집중되어 일자리의 부족이 생기고 이에 따라 미래에 대한 희망이 줄어드는 것 때문이라고 한다.

또 하나의 이유는 젠더(남녀) 이슈다. 여성들이 자신의 사회적 목표를 이루고자 하는 상황에서 임신을 할 경우, 그것이 장애 요소가 된다면 여성들은 아이를 가지는 것을 두려워할 수밖에 없다. 외국의 경우 여성이 임신을 하면 배우자도 육아 휴직을 강제한다든지 하여 여성과 남성 간 생리적 차이의 간극을 줄이려고 노력하고 있다.

한국의 경우 이 두 가지 큰 원인과 더불어 또 하나의 큰 이유가 있다. 나는 그것이 한국에만 존재하는 지독한 성적 위주의 시험 제도라고 생각한다.

한국의 출산율이 세계에서 가장 낮은 수준이라는 것은 이미 알려진 사실이다. 한국은 지난 2021년 처음으로 전체 인구에서 90,000여 명의 정도가 줄었다고 한다. 이 속도는 향후 급속도로 가팔라질 전망이다.

줄어든 노동력을 보충하기 위해서 기업들은 외국인을 고용하거나 생산 자동화에 투자하게 될 것이다. 이러한 방법도 노동시장의 손실을 막는 데 효과가 전혀 없지는 않겠지만 개인적으로 나는 한국의 우수한 여성인력을 지금보다 더 적극적으로 활용하면 보다 큰 효과가 있을 거라고 생각한다.

남성은 74퍼센트의 인력이 경제 활동을 하는 반면 여성은 50퍼센트만이 일을 하고 있다. 한국의 여성처럼 고학력·전문직 인력을 다른 나라에서는 찾아볼 수 없다. 그럼에도 국내에서는 아직도 남성에 비해 30퍼센트 낮은 급여에 시달린다. 유교적 가부장제 질서에 따른 변하지 않는 사회 통념, 경직된 기업 문화, 잘못된 제도 등이 많은 우수한 여성들의 사회 참여를 주저하도록 만든다.

여성 고용 지수에 있어서 항상 꼴찌에 속했던 일본의 변화를 눈여겨볼 필요가 있다. 일본 정부는 '여성활약법'이라는 것을 추진하여 여성 고용 지수가 낮은 기업에는 연금의 투자를 제한하는 등 경제적인 제재를 가하는 방식을 도입하였다. 그 이후 여성 고용 지수가 획기적으로 증가하였다. 세계에서 꼴찌인 한국의 여성 고용 지수를 획기적으로 끌어올리지 않으면 저출산율 문제의 해결은 물론 한국의 전체적인 미래가 암울할 수밖에 없다.

그런데 다른 선진국은 왜 대부분 한국보다 출산율이 높을까. 외국과 한국의 가장 큰 차이는 어디에서 오는 것일까. 무한경쟁을 부추기는 '시험'제도가 그에 대한 상당한 이유가 될 것이다.

다소 파격적인 주장일 수 있지만 나는 출산율을 높이기 위해선 시험을 없애는 것이 가장 시급한 일이라고 믿고 있다. 외국의 선진국들과는 다르게 지금 한국은 시험만능주의에 지배당하고 있다.

한국 출산율이 유난히 낮은 가장 근본적인 이유는 앞에서도 말했지만 청년세대의 미래가 모호하고 불안하기 때문이다. 청년세대들의 삶이 행복하지 않고, 여유도 없으며, 또 자기 자녀들의 미래 역시 자신들과 다르지 않다고 여기면서 불안감을 갖게 되면 당연히 자녀를 낳지 않는 쪽을 택하게 된다. 그것을 누가 비난할 수 있겠는가.

청년세대, 자녀세대들이 행복하지 않은 가장 근본적인 이유는 우리나라의 잘못된 교육제도에 있다. 치열하게 점수 경쟁을 하는 아이들은 행복할 수 없다. 아이들을 끝없는 점수 경쟁에서 해방시켜야만 한다. 점수 경쟁에 제동을 걸어야만 한다. 우리 사회 전체가 시험 점수가 만능이라는 생각에서 벗어나야 한다. 어렸을 때부터 선행 학습을 하고 학창 시절 내내 점수 경쟁을 하고 학교를 졸업한 후에도 취직 시험을 보는 제도는 이제 폐기처분해야 한다.

사람의 능력을 평가하는 방법은 수만 가지인데, 시험 점수 하나로 평가하는 시스템은 공정과 정의와 상식에도 어긋나는 일이다. 그것은 공평한 것도 합리적인 것도 아니고 아무도 책임지지 않기 위한 편리함이라고 생각한다.

조사에 따르면 한국은 경제협력개발기구OECD 국가 중 교육 지출에 가장 낮은 노동 생산성 수익을 얻고 있다고 한다. 이 말은 교육비로 지출하는 데 비해 생산적인 수익이 발생하지 않는, 비효율적인 교육을 하고 있다는 뜻이다. 한국 사회의 지나친 사교육비 지출이 국가 GDP 상승에는 전혀 영향이 없다는 것이다.

해외에서는 한국 입시 경쟁을 두고, "golden ticket syndrome"이라고 한다. 대학 학벌 취득이 우선되어 왔기에, 한국의 대학 졸업생들은 졸업 후 4년 동안 공부한 학위와 전혀 관련이 없는 직무를 수행한다. 소위 말하는 간판만 보고 대학을 들어가는 경우가 부지기수라는 것이다. 이러한 입시교육으로 인해 한국 학생들은 인지능력cognitive ability이 세계 최고 수준이나, 노동시장에 진입, 다른 말로 직장인이 된 이후 그들의 인지능력은 가장 가파르게 낮아진다는 조사결과가 있다. 한국의 부모들과 학생들은 정말 지금과 같은 방식의 교육이 과연 어떤 의미가 있는지 생각해볼 필요가 있다.

그동안 한국 정부 역시 저출산율의 심각성을 깨닫고 이를 해결하기 위해 몇백 조의 돈을 쏟아부었지만 실효를 거두지 못했다. 이제는 (정부가 지원하는) 돈으로 출산율을 해결하지 못한다는 것을 인정해야 한다.

근본적인 원인 중의 하나인 한국의 시험 제도를 개선해야 한다. 시험 점수에 전 사회 구성원이 강박적으로 매달리는 시스템이 존재하는 한 출산율 해결은 불가능할 것이다. 시험을 잘 보아야 살

아남을 수 있다는 강박관념에 경쟁적으로 사교육비를 지출해야 하는 악순환은 우리 삶을 끝없는 나락으로 몰고 갈 수밖에 없다. 어렸을 때에는 각종 시험에 시달리고 성인이 되어서는 언제 끝날지 모를 자격 시험과 취직 시험에 시달린다. 이처럼 끊임없는 시험들로 인해 삶의 질이 동시에 떨어지고 미래에 대한 희망이 사라진다.

앞에서도 지적했지만 회사에서 직원을 선발할 때 시험을 치르는 나라는 OECD 국가 중 한국이 거의 유일하다. 그것은 그 제도가 시대착오적이고 비효율적이라는 것을 알려주는 것이다. 그런데도 우리는 이 제도를 바꾸지 않는다.

미래에 대한 긍정적인 생각을 갖게 하려면 시험을 없애야 한다. 시험 이외에 다양한 방법으로 사람의 가치를 알아보고 평가하고 선발해야 한국 사회 구성원 사이에 소통과 믿음의 싹이 트이고 희망이 생긴다. 점수에 연연하게 되면 서로를 경쟁자로, 생존경쟁의 적대자로 여길 수밖에 없다. 그런 환경에서는 아이를 낳아 키울 생각을 하는 것이 더 이상한 일이다. 경쟁 구도의 온상인 시험 제도의 집착을 없애는 것만이 출산율 저하를 막는 가장 효율적인 방법이다.

교육비 VS GDP 비율

한국은 OECD 국가 중 1인당 교육비 대비 노동 생산성이 가장 낮다.
＊학생 1인당 교육비 대비 직원 1인당 GDP 비율.

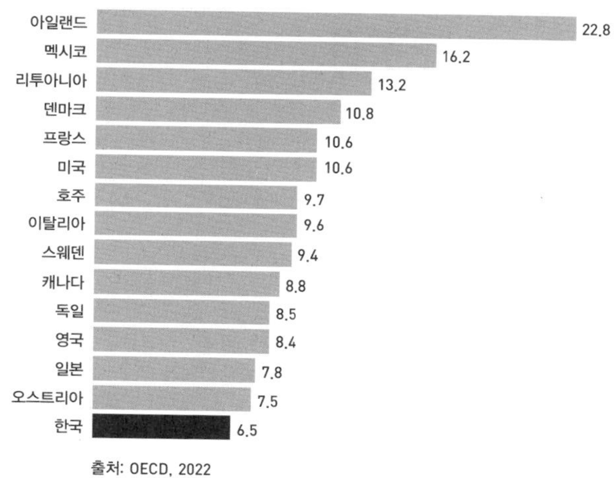

출처: OECD, 2022

OECD 국가의 인지 능력 퇴화 속도

한국인의 인지 능력이 OECD 국가 중 가장 빠른 속도로 퇴화하고 있다.

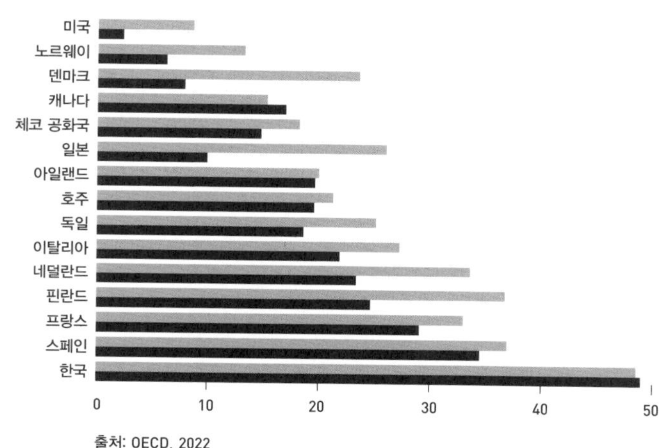

출처: OECD, 2022

노동시장 내 불일치 현상

한국은 OECD 국가 중 가장 높은 수준의 노동시장 불일치를 보인다.

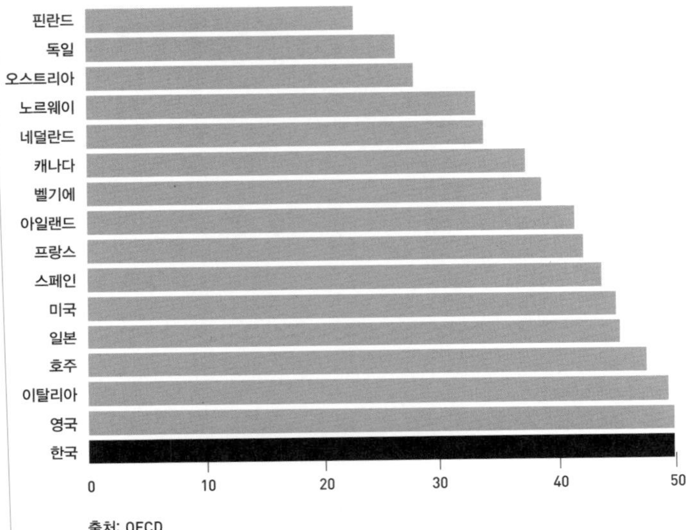

출처: OECD

John Lee
Next 10 years

사교육비를 금융자산으로

미래학자들의 전망에 따르면 앞으로 70퍼센트가량의 직업이 세상에서 자취를 감출 것이라고 한다. 그와 함께 예상치 못한 많은 직업이 새로 생길 것이다. 이러한 급격한 변화 속에서 살고 있는 우리가 생각이나 제도를 바꾸지 않는다면 스스로 도태의 길을 택하는 것밖에는 되지 않는다.

옛날에는 직업의 종류가 많지 않았다. 관리, 농민, 중인, 노비, 대장장이 등 직업이 다양하지 않았다. 이제는 수만 가지의 다양한 직업이 있는데 왜 우리의 교육제도는 과거에 존재하던 시험 위주의 경쟁으로부터 벗어나지 못하고 있을까.

이제는 냉철한 질문을 던져야 한다. 미국을 포함한 선진국에서는 인재를 선발할 때 서류 심사와 개별 인터뷰로 판단을 하며 절대로 시험을 치르지 않는다. 틀에 박힌 방식으로는 훌륭한 인재를 찾아낼 수 없다는 걸 알기 때문이다.

시험을 없앨 경우, 이 단순한 해법이 가져올 효용과 결과는 놀라울 것이다. 우선 한국의 아이들이 사교육의 굴레에서 해방이 되면서 가계는 교육비 부담이 줄어들고 동시에 국가 부담도 줄어든다. 물론 사회의 안전망을 위해 의사, 약사, 법률가 등 각종 전문직 자격증을 발급하는 시험은 유지할 필요가 있지만 그 밖의 시험은 과감히 폐기해야 한다.

대학 입학시험도 지금의 수능 시험 제도에 따른 점수 경쟁을 하기보다는 미국의 SAT처럼 어느 정도 고난도의 학업을 따라올 수 있느냐의 능력 테스트 정도로 운영되는 게 바람직하다. 2,400점 만점인 SAT는 2,400점을 다 받았다고 해서 그게 자랑이 되지 않는다. 2,000점이나 2,400점이나 큰 차이가 없다고 사람들은 생각하기 때문이다. 미국의 명문 대학들도 만점 받은 학생들을 특별하게 취급하지 않는다.

SAT 만점 받은 학생만 입학시키면 대학은 어떻게 되겠는가? 무한경쟁이 반복되면서 만점 학생은 경쟁에서 도태되고 무기력에 빠질 것이다. 대학 캠퍼스도 하나의 사회이다. 사회 구성원 한 사람 한 사람의 다양성과 역할이 있을 때 발전하고 건강한 집단이 만들어진다.

공부나 학문은 하고 싶은 아이만 열심히 하게 하고 그렇지 않은 아이들은 자기가 원하는 것에 집중하는 교육제도가 절실하다. 그래야 아이들 하나하나의 삶이 각자가 추구하는 구체적인 행복에 더 가까이 다가갈 수 있다. 더불어 자아가 실현되고 희망이 생기면 출산율은 자연스럽게 올라가게 될 것이다.

앞서 얘기한 유대인 이야기를 또 하자면 그들은 자녀들에게 반드시 다른 아이들과 다른 길을 가라고 가르친다. 반면 한국의 부모들은 무조건 자녀가 다른 학생들과 같은 길을 가기를 희망한다. 남들이 가지 않는 길을 가라고 가르치는 교육과 모든 아이들이 같은 길을 걸어야 한다고 가르치는 교육 중 어느 것이 학생들에게 희망과 행복을 가져다줄까.

공부를 반드시 잘해야 한다고 가르치지 않았음에도 불구하고 미국 아이비리그의 유대인 비율이 30퍼센트에 달하고 노벨상 수상자도 유대인 비율이 압도적이라는 것은 결국 그들의 교육이 훨씬 더 효과적임을 보여주는 명백한 증거다. 전 세계 유대인 인구가 0.2퍼센트에 불과한 것에 비하면 엄청난 결과가 아닐 수 없다. 유대인이 다양한 분야에서 성공하는 사람이 많이 나오는 이유는 다양성 즉 남들과 다른 것을 당연시 여기는 교육 덕분이다.

한국의 개개인은 유대인보다 지능이 우수하다. 우리라고 그들처럼 못할 게 없다. 시험과 경쟁 위주의 교육을 바꾸면 연간 30조에 달하는 사교육비가 아이들의 다양한 성장을 돕는 투자금으로 쓰일 수 있다. 그 과정에서 자연스럽게 새로운 산업이 형성되고 보다 많은 구성원들에게 혜택이 돌아가는 새로운 생태계가 탄생할 것이다.

물론 제도적으로 시험이 없어지는 것을 마냥 기다릴 수는 없다. 개인 스스로 영리해지려는 노력을 해야 한다. 한국과 같은 분위기에서는 남들이 당연시하는 것, 집단이 추종하는 것을 거부할 용기가 필요하다. 모든 위대한 혁신은 선각자의 첫걸음으로부터 시작되는 것이다. 여기서 미처 다양한 생각을 하지 못한 분들의 사례를 소개해보려고 한다.

공무원으로 일하다가 은퇴하신 어른 한 분이 계시는데 몇 년 전에 나를 찾아오셨다. 그분은 연세가 아주 많으셨는데 시골 마을에서 유일하게 서울대를 나와서 행정고시에 붙은 분이다. 고시에 합격하고 임용되기 전 3개월의 시간 동안 행정고시 학원에서 강사 생활을 했다고 한다.

그런데 그 3개월 동안 학생들에게 인기가 많아서 그 짧은 기간 동안 많은 돈을 벌었다. 그 돈으로 강남의 아파트를 구입했다. 그런데 공직 생활을 끝내고 은퇴를 하고 보니 자신의 전 재산이 여전히 그 아파트 한 채뿐이라는 것이다. 너무나 후회스러웠다. 그때 왜 학원을 설립할 생각을 못했을까? 많은 사람들이 선택한 길 외에 다른 길이 있다는 것을 왜 생각하지 못했을까, 그런 후회와 아쉬움이 가득했다.

10년간 사법고시 준비를 했던 수능 강사의 이야기도 생각난다.

비록 시험에 붙지는 못했지만 10년 공부한 것을 바탕으로 사회 과목 강사를 시작했는데 막상 본인이 강의를 해보니 10년 공부한 것이나 2년을 공부한 것이나 학생들을 가르치는 수준에 별 차이가 없다는 걸 깨달았다. 왜 더 빨리 강사 생활을 시작하지 않았는지 후회된다는 것이었다. 결국 입시 제도 때문에 강사를 할 수 있었지만, 본인 또한 시험 제도의 희생자였던 것이다.

핀란드는 미국의 SAT 시험 제도를 비웃는다. 핀란드는 모든 학생이 동일한 시험지를 받지 않는다. 학생마다의 능력과 관심사에 따라 숙제를 다르게 부여한다. 진도 속도도, 배울 범위도 학교나 선생님이 정하거나 요구하지 않는다. 아이들은 자신의 속도에 맞게 학습량을 스스로 조절하고 주변 친구들에게 도움을 구하며 배워 나간다.

핀란드가 이러한 교육제도를 만들게 된 계기는 이 나라에 닥쳤던 위기 때문이다. 산업화로 인해 새로운 직업군의 출현이 절실했던 핀란드는 성인들이 일하는 산업 구조에서의 변화가 아닌, 아이들 교육의 변화에서 해답을 찾았다. 아이들이 유연한 사고를 하고 스스로 창조적인 커리어를 만들어나갈 수 있도록 공교육에서 발판을 마련한 것이다.

시험제도의 폐기와 함께 한국 사회가 출산율을 높이는 방법으로 가장 중요하게 고민해야 하는 산업적 차원의 대안은 금융업의 육성이다.

금융업은 가장 부가가치가 높은 산업이면서 업무 특성상 반드시 도시에 회사를 둘 필요가 없다는 장점이 있다. 전국 각지에 회사를 두어도 회사 경영에 전혀 문제될 것이 없다. 실제로 미국을 비롯한 외국 유수의 금융사들은 미국 전역에 골고루 분산되어 있다.

한국 금융업이 성장해서 많은 회사가 전국 곳곳에 설립될 경우, 젊은 인재들이 굳이 생활비용이 많이 드는 서울 같은 대도시를 찾아올 필요가 없어진다. 그렇게 되면 자연스럽게 주거비용을 크게 줄일 수 있고 생활의 질도 높아진다. 국가적으로 볼 때도 중앙과 지방 간의 격차를 줄이면서 국토의 균형적인 발전도 도모할 수 있다. 젊은 세대에게도 미래에 대한 불안이나 두려움보다는 자신이 거주하고 싶은 지역에서 행복하게 살 수 있다는 희망이 생길 것이다.

고비용을 지출할 수밖에 없는 도시생활에 대한 높은 선망이나 의존 같은 라이프스타일을 바꿀 수 있도록 정책적인 금융업 육성을 통해 대안을 마련해주는 것도 국가가 출산율을 높이기 위해 적극적으로 고민해야 하는 과제이다.

마지막으로 저출산율 문제에 있어서 한국 사회의 구성원들이 절대로 간과하지 말아야 할 것이 있다. 한국 여성들이 OECD 국가 중 가장 성차별적이고 불합리한 조건에 처해 있다는 사실이다. 남녀 간 평균 임금 격차, 노동인구 숫자, 상장사의 성별에 따른 임원 숫자 등에서 한국은 유럽 같은 선진국에 비해 너무나 후진적인 상황에 처해 있다. 이러한 조건을 개선하기 위해서는 한국 사회 전체 구성원들이 젠더 감수성에 대한 깨우침이 필요하다.

내가 여성들과 대화할 기회가 있을 때 반드시 권하는 것이 있다. 남성 위주의 사회에서 차별적이고 불합리한 제도를 바꾸는 것에 관심을 가지는 동시에 적극적으로 자산운용사 등 금융업 창업을 하라는 것이 그것이다. 자산운용업은 고객을 위하는 섬세한 마음과 유망한 기업을 선별하는 예리한 직관, 기업 가치를 알아보는 감수성 등이 필요하기 때문에 남성에 비해 여성이 훨씬 큰 능력을 발휘할 수 있는 업종이다.

그래서 개인적으로 자산운용업에 여성들의 참여가 많아지길 바라는 마음이 절실하다. 앞으로도 여성들이 CEO인 자산운용사가 많이 나올 수 있도록 작은 힘이나마 보탤 생각이다.

No Pain No Gain

1997년 우리나라는 외환위기를 겪게 됐다. 재정기반이 튼튼하다고 생각됐던 기업들이 연쇄 부도를 맞았고 많은 국민들이 고통을 겪어야 했다. 위기를 겪기 전까지 우리나라 국민들은 금융지식의 중요성을 크게 인식하지 못했는데, 대부분이 기업지배구조라는 단어조차 낯설게 느낄 정도였다.

위기를 극복하는 과정에서 기업지배구조의 중요성을 깨달았고 경영진의 횡포를 막고 이사회의 역할을 강화하는 방향으로 법과 제도를 개선했다. 분식 회계 등을 못하도록 철저하게 감독해서 지금은 회계가 많이 투명하게 되었다.

그 당시는 엄청난 고통이었지만 우리나라는 비슷한 위기를 겪은 다른 나라에 비해 엄청나게 빠른 시간에 극복할 수 있었고 그

것을 모멘텀으로 자본시장도 많은 발전을 이룰 수 있었다.

그런데 지금 한국의 자본시장은 또 하나의 시련을 겪고 있다. 장기화되고 있는 코로나 팬데믹과 러시아-우크라이나 전쟁으로 인한 원자재 인플레이션, 금리 인상 등이 그 요인이다. 1997년이나 2007년과는 또 다른 양상이다.

나는 지금의 시련을 보며 한국이 다른 분야에 비해 여전히 크게 뒤처져 있는 분야인 금융산업의 중요성을 깨닫고 금융 경쟁력 강화를 최우선으로 삼는 정책을 세우는 계기가 되기를 바란다. 국제적인 경제 위기가 올 때마다 각국의 전문가들은 미국 월스트리트의 금융인을 비난하곤 했지만, 언제나 결과는 단단한 금융 경쟁력을 갖고 있는 나라가 승자가 되곤 했다.

한국 자본시장에 닥치는 위기는 부동산에만 비정상적으로 집중되어 있는 가계 자산의 불균형을 해소하는 계기가 되어야 한다. 또한 한국 국민의 금융 문맹률을 낮추는 계기가 되어야 할 것이다.

큰 고통이 있었지만 금융위기를 딛고 일어난 기업들은 과거보다 훨씬 더 탄탄한 글로벌 기업으로 성장할 수 있었다. 아울러 새로운 아이디어를 가진 기업들이 태어날 수 있는 토대가 마련되기도 했다. 인력과 자본이 새로운 곳으로 흘러 들어갈 수 있었기 때문이다.

위기를 기회로 삼으라는 말이 있다. 개인이나 기업이나 국가는 항상 주기적으로 위기를 겪는다. 그 위기를 극복하는 과정을 겪으면서 생각을 바꾸게 되고 그런 노력으로 말미암아 나중에는 더 큰 열매를 수확할 수 있게 된다. 고통에도 불구하고 과거를 고집하고 생각과 행동을 바꾸지 않는 개인이나 기업, 국가는 고통이 연장될 수밖에 없다.

최근의 국제 동향에 따른 인플레이션 현상과 높은 이자율로 인해 많은 사람들이 고통을 겪고 있다. 인플레이션이라는 것은 물가가 오르는 것을 의미하며, 물가가 오른다는 것은 내가 갖고 있던 화폐의 가치가 떨어진다는 것이다. 월급이 올라가는 속도는 뻔한데 물가가 올라가는 속도는 그보다 훨씬 빠르다.

1997년 외환위기 때의 일화인데, 당시 심각한 외환위기를 겪고 있던 한국 시장에 대한 투자에 많은 사람들이 불안해했다. 미국 굴지의 자산운용사인 템플턴 창업자인 존 템플턴도 그런 사람 중 한 명이었다. 그는 내게 직접 전화를 걸어서 이런 말을 했다.

"한국 주식에 오래 투자했고, 코리아펀드의 오랜 주주이다. 한국이 유동성 위기 때문에 원화 값이 급락했는데, 한국이 파산선고를 할 것 같냐? 그 가능성을 이야기해 달라."

그의 말인즉, 한국이 망할지 안 망할지 알려 달라는 것이었다. 나는 망하지 않는다고 답했다. 그러자 그는 "OK"라고 하면서 더 많은 코리아펀드를 매수했다. 이후 월가의 많은 투자자들이 나를 초청해서 한국 시장에 대한 이야기를 듣고 싶어 했다. 그들은 모두 장기투자자들이었고 한국이 시련과 고통을 겪은 이후 더 좋은 방향으로 갈 것이라 예측하고 투자하려는 사람들이었다.

한 국가 자본시장의 질적 성장을 위해서는 차라리 시련과 고통을 겪는 것이 더 나은 방향으로 나아갈 수 있는 기회인지도 모른다. 한국 역시 외환위기를 겪은 이후 기업의 구조가 더 튼튼해지고 제도도 개선되었다.

우리 한국 사회가 현재 갖고 있는 많은 문제점, 높은 자살율, 저출산율, 부실한 노후준비, 빈부격차 등은 분명 고통을 안겨주는 것들이다. 고통을 통해서 우리가 방향성을 잡을 수만 있다면, 다시 말해 그 고통을 헛되이 하지 않고 교훈을 얻는 질료로 쓸 수 있다면 분명 한국 사회는, 한국의 자본시장은 새로운 가능성이라는 희망과 만날 수 있을 것이다.

사실 사람이나 기업이나 국가가 생각이나 행동을 바꾸는 것은 생각만큼 쉽지 않다. 아니 어떤 것은 거의 불가능에 가깝다. 특별한 계기가 마련되지 않으면 사람들은 깨닫기 어렵다. 특히 군중이 같은 방향으로 몰려갈 때는 옳은 방향을 선택하기가 더 어려워지는 법이다.

초등학교 때 아버지 회사가 부도가 나지 않았더라면 나 역시 금융과 돈에 대한 각성이 그만큼 늦어졌을 것이다. 개인적으로 그런 고통이 있었기 때문에 돈, 복리, 저축에 대해 깨닫게 되었다. 그 계기로 나는 다른 사람들보다 빨리 변할 수 있었다. 하지만 고통을 겪지 않고도 깨달을 수 있다면 그게 더 좋은 것이다.

담배를 끊으려고 해도 끊지 못하다가 담배로 인해 큰 병에 걸리게 되면 후회를 하면서 금연을 하게 되는 것과 같은 이치다. 자신이 폐암에 걸려서 담배를 끊기 전에, 다른 사람이 폐암에 걸린 모습을 본 뒤 스스로 끊는 것이 가장 좋다.

역사를 살펴보면 한국은 2년에 한 번꼴로 일본과 중국 등 이웃 국가로부터 크고 작은 침략을 당해왔다. 그런데 이를 다 극복했다. 한국처럼 고유의 음식과 옷, 언어가 있는 나라도 드물다. 우리는 침략을 당하면서도 계속해서 지켜야 할 것을 지켜냈다. 그런데 위기 극복은 잘하는데, 위기를 미리 막을 준비가 안 되어 있는 부분을 생각하면 참 안타깝다.

고통이 오기 전에 고통을 예방해야 한다. 나는 한국 자본시장, 금융산업도 이와 같은 관점에서 혹독한 고통을 치르기 전에 우리 사회가 먼저 개혁을 할 수 있기를 간절히 바란다.

25년 전 한국은 경제위기를 겪으며 많은 변화를 받아들였다. 은행이 무너지고 많은 기업들이 파산하는 것을 목격하면서 은행의 건전성과 기업들의 지배구조가 중요하다는 걸 깨닫게 되었다. 이후 미비하나마 법과 제도를 개선할 수 있었다. 기업지배구조, 종신고용, 연금제도 등을 바꾸면서 국가를 개조하였다. 일본의 상황은 우리처럼 큰 경제위기를 겪지 않은 상태에서 서서히 가라앉고 있기에, 우리처럼 혁신할 수 있는 기회조차 갖지 못하는 것일 수 있다. 어쩌면 한국이 더 운이 좋은 경우인지도 모른다.

경제위기의 원인을 파악하고 시련을 극복하는 과정에서 노동과 자본의 유연성에 대한 중요성을 인식하게 됐다는 건 정말 천우신조다. 만약에 당시 위기를 겪지 않았다면, 그래서 지금까지 변화가 없었다면, 지금의 위기는 상상을 뛰어넘는 시련과 고통을 안겨주는 메가톤급 폭탄일 수도 있었다.

미래에는 아시아가 세계 경제 시장의 중심이 될 것이다.
그중에서도 한국이 아시아의 경제 중심,
금융의 핵이 되어야 한다.”

3장

금융산업이 대한민국을 살린다

THE BEGINNING OF NEXT 10 YEARS

금융이 다음 세대를 위한 먹거리이다

한국인 중에는 여전히 금융에 대한 편견을 가지고 있는 분들이 많은데, 금융은 관념이나 허구가 아니다. 금융은 개개인의 삶과 직결되어 있고, 인간의 실제적이고 물리적인 삶에서 가장 중요한 돈이라는 실물을 다루는 산업이다.

한국 사람들은 돈에 대해 드러내놓고 이야기하는 걸 꺼리는 경향이 있다. 나는 돈을 이해하는 사람이 많을수록 그 나라의 경제와 미래가 희망적일 거라고 단언한다.

우리나라의 미래학자, 경제학자들은 향후 한국의 10년 먹거리를 이야기할 때 대부분이 AI와 반도체, 바이오 등을 거론한다. 금융에 대한 이야기를 하는 사람은 거의 듣지를 못했다. 과거에는 하드웨어나 제조업을 통해 많은 부가가치를 올렸고, 지금은 서비스, 소프트웨어가 부가가치의 중심이지만 미래에 가장 중요한 것은 누가 뭐래도 금융이다.

세계 인구의 0.2퍼센트에 불과한 유대민족은 금융업이라는 강력한 경쟁력을 통해 전 세계 자산의 20퍼센트를 차지하고 있다. 16세기 네덜란드 같은 작은 나라가 강대국이 될 수 있었던 것도 금융 개념을 알았기 때문이다. 영국이나 미국이 제조업 분야에서 경쟁력을 많이 잃었지만 아직까지 대국을 유지하는 이유 역시 금융이라는 무기를 갖고 있다는 점을 알아야 한다.

특히 미국이 세계 최강국이 된 데는 금융업이 기초가 되었기 때문이다. 중국조차도 사회주의 국가임에도 불구하고 홍콩을 통해 금융산업의 혜택을 톡톡히 보고 있다. 한국의 미래 먹거리가 금융이 중심이 되어야 한다는 건 의심의 여지가 없다.

한국이 경제적으로 성공할 수 있었던 이유는 국가 정책 주도로 경쟁력 있는 분야에 집중투자해 부를 축적할 수 있었기 때문이다. 한국인의 근면성, 영리함 그리고 한정된 자본을 효율적으로 투자할 수 있었던 사회적 여건과 국민들의 공감대가 만들어져서 한국의 경제력이 과거에 비해 월등하게 높아진 것은 분명한 사실이다.

정부가 주도해서 집중적으로 투자한 결과 비약적인 성공을 이룬 선박, 건설, 자동차, 반도체 산업 등이 대표적인 예다. 노동집약적 산업에서 자본집약적 산업으로 옮겨가면서 한국인의 저력이 더욱 빛을 발할 수 있었다. 한 사회나 국가의 경제는 발전을 거듭

하면서 자연스럽게 부가가치가 높은 곳으로 진화해나가는 방식이 절대적으로 요구된다. 과거 선진국 대열에 있었지만 지금은 후진국으로 전락한 국가들을 보면 대부분 새로운 산업으로의 진화가 이루어지지 못한 것이 결정적인 이유다.

한국이 그동안 성공을 경험했던 분야는 점점 경쟁이 심화되고 있고 이에 따라 대한민국이 새로운 산업을 찾아야 하는 것은 자연스러운 현상이다. 전문가들이 앞으로 한국을 먹여 살릴 수 있는 분야로 꼽고 있는 것은 반도체, 바이오, 헬스케어, 엔터테인먼트, 금융 등이다. 이 산업 분야는 아무나 뛰어들 수 없는 소위 진입 장벽이 높은 분야이고 또한 부가가치가 높은 산업이라는 공통점이 있다. 내가 보기에는 한국인이 가지고 있는 역량을 충분히 발휘한다면 얼마든지 성공할 수 있는 분야다.

하지만 우리가 그동안 성공을 이룬 분야는 대부분 제조업에만 국한되어 있었다. 다시 강조하지만 지금 시점에서 가장 각별하게 관심을 가져야 할 분야는 바로 금융산업이다. 당연한 말이지만, 투자와 자금 순환이라는 측면에서 금융업의 뒷받침이 없으면 제조업도 성공하기 어렵다.

금융업 종사자를 제외한 일반적인 한국인들의 금융업에 대한 인식은 상당히 초보적인 수준에 머물러 있는 게 현실이다. 이제부터라도 금융업이 왜 향후 100년 이상 한국을 먹여 살릴 수 있는 산업인지, 한국 경제에 핵심적인 역할을 할 수 있는지 그 중요성을 인식해야 한다.

특히 그중에서도 자산운용업에 많은 관심과 노력이 필요하다. 금융산업은 사람의 인체에 비유하자면 혈액과 같다. 피는 사람 몸의 모든 부분에 산소와 영양소를 공급하는 역할을 한다. 한국이 1997년 금융위기를 겪은 것도 사회 구성원들이 금융산업의 본질을 제대로 이해하지 못했던 데서 기인한다. 장사를 잘한 기업도 금융을 이해하지 못하면 도산할 수도 있다는 사실이 금융업의 중요성을 역설적으로 증명한다. 금융업의 중요성은 아무리 강조해도 지나침이 없다.

미국의 경우 금융산업의 경쟁력이 다른 나라에 비해 비교 불가할 정도로 높다. 세계적인 자산운용회사들 대부분을 미국 회사가 차지하고 있을 정도로 다양한 투자 원칙과 철학이 존재한다. 기업이 생성될 때 초기부터 투자하는 펀드, 기업이 성장할 때 투자하는 펀드, 기업이 어려울 때 투자하는 펀드 등 자산운용회사들은 미국 금융산업의 다양한 역할을 담당하고 역동적인 생태계를 만들어내면서 미국 금융산업의 경쟁력과 세계 지배력을 유지하고 있다.

미국 금융산업의 성장에는 미국으로 이주한 유대인들이 큰 역할을 했다. 어렸을 때부터 자연스럽게 익힌 돈에 대한 철학, 투자에 대한 깊은 이해가 미국의 금융 경쟁력을 가져오게 한 것이다.

금융업은 고용효과도 엄청나다. 제조업 역시 공장을 짓고 기계

설비를 설치하는 등 많은 일이 수반되고 이에 따라 고용이 창출되지만 그에 반해 금융업은 머리와 두뇌를 사용하는 산업이다. 제조업에는 제조에 들어가는 원가, R&D, 세일즈 등 엄청난 물적·인적 자원이 들어가지만 그에 반해 금융은 인적 자원만으로도 얼마든지 고부가가치 창출이 가능하다. 인간의 지적·정신적 노동을 통해 육체노동보다 수백수천 배 높은 부가가치를 창출하는 것이다.

몸을 쓰는 육체를 통한 노동만이 성스러운 일이라는 고정관념에서 탈피해야 한다. 노동과 자본이 같이 일해야 부가가치가 극대화될 수 있으며, 그 핵심이 바로 금융산업에 있다. 금융업이 성

전 세계 자산운용사 운용 규모 순위

기준: USD million

순위/회사명	운용 규모	지역
1. 블랙록	$10,010,143	미국
2. 뱅가드	$8,466,372	미국
3. 피델리티 자산운용	$4,233,825	미국
4. 스테이트 스트리트 글로벌	$4,138,172	미국
5. JP 모건	$3,113,000	미국
6. 알리안츠 그룹	$2,954,432	독일
7. 캐피털 그룹	$2,715,178	미국
8. 골드만 삭스	$2,470,000	미국
9. BNY 멜론	$2,434,330	미국
10. 아문디	$2,322,454	프랑스

출처: The Thinking Ahead Institute(2022.10)

장하고 발전하면 제조업 역시 함께 성장하게 된다. 이 말을 거꾸로 하면 제조업이 성장하기 위해서는 금융업의 성장 역시 필수적이라는 말이다. 한국은 경제규모에 있어서 세계 10위 국가인데도 불구하고 전 세계 자산운용산업에서 차지하는 비중이 상당히 미미하다.

K금융, 한국이 아시아 금융 중심이 된다면

국가 구성원들의 금융산업에 대한 이해도가 높을수록 국가의 경쟁력도 비례하여 높다. 역사적으로 보아도 금융산업이 발전한 나라들이 예외 없이 세계를 지배했다. 1600년대 처음으로 주식회사라는 제도를 만들고 증권거래소를 설립한 네덜란드는 막강한 국력을 유지했으며, 영국, 미국 등 금융산업이 발전한 나라가 항상 국력을 극대화했다는 사실이 이를 입증한다.

많은 미래학자들이 앞으로는 아시아가 세계 경제를 이끌어갈 것으로 예상하고 있다. 그렇다면 한국의 갈 길은 당연히 어디일까. 나의 한결같은 대답은 금융이다. 한국이 아시아의 금융 중심이 되어야 한다.

일본은 과거 30년이라는 시간을 허비하는 바람에 금융 허브가 될 가능성이 희박하고 중국은 홍콩의 자본주의 자유 경제를 망가뜨리려고 하여 국제 사회의 외면을 받고 있다. 그 결과 많은 외국인이 홍콩을 떠나려는 추세라 한다. 대외적 조건만 보면 한국이 금융 중심이 될 수 있는 좋은 여건이 만들어지고 있다. 다만 극복해야 할 난관들이 있다. 그 난관을 극복할 용기가 우리에게 있고, 금융의 중요성을 가능한 많은 국민이 인식한다면 불가능한 일도 아니다.

우리는 좋은 물건을 싸게 만들어서 해외에 수출하는 것이 우리 경제에 가장 도움이 된다는 생각에 익숙해 있다. 제조업 중심의 사고가 여전히 우리 국민들에게 뿌리 내려져 있다. 실제로 한국 사람들의 영리함과 근면함이 어우러져 한국은 명실공히 세계에 자랑할 만한 선진국 대열에 올라섰지만 미래는 불안하기만 하다. 이러한 경쟁력을 언제까지 유지할 수 있을까.

우리는 자동차나 반도체 등에서 자랑할 만한 기술과 생산력을 가지고 있지만, 경쟁력을 가져올 또 하나의 축인 금융에 대해서는 여전히 익숙하지 않다. 생산 단가를 금융을 통해 낮춘다든가, 자금조달 비용, 원자재의 선물이나 옵션, 경쟁사들과의 원가 비교우위 등을 점하기 위해서는 모두 고도의 금융 지식을 필요로 한다.

과거 한국 기업들에게는 CFO(Chief Financial Officer, 최고재무관리자)라는 직책이 없었다. 금융의 중요성을 인식하지 못했기 때문이다. 제조를 통한 이익을 금융에 대한 이해 부족으로 상쇄한 일이 비일비재했다. 자금 조달 비용이 얼마나 중요한지 미처 인식하지 못한 결과이다.

금융에 대한 이해가 부족하면 제조업도 당연히 영향을 받을 수밖에 없다. 단순히 좋은 물건을 싸게 만드는 것만으로는 경쟁력을 유지할 수 없다는 것을 알아야 한다. 개인이나 국가나 금융에 대한 이해도가 절실하다. 만약 금융에 대한 이해도가 조금 더 높았더라면 1997년에 겪은 경제위기를 피해갔을지도 모른다. 한국의 미래는 금융업에 달려 있다고 해도 과언이 아니다.

1997년 그리고 2008년 미국으로부터 시작된 세계적 경제위기는 모두 금융으로부터 시작된 것이다. 금융을 이해하지 않고는 위기 때마다 당황할 수밖에 없다. 금융의 이해도가 부족한 개인은 금융 위기 등을 겪으면서 계속 빈곤층으로 전락하게 된다.

2008년의 세계적인 경제위기는 미국의 금융으로부터 시작됐지만 미국의 세계 경제 지배력은 여전히 유지되고 있다. 경제위기를 겪을 때마다 월스트리트를 비난하지만 미국의 금융산업은 흔들림이 없다. 이제는 우리도 금융에 대한 관심을 가지고 그 중요성을 깨달을 때가 왔다. 적어도 아시아에서는 한국이 금융 선진국으로 앞서 나가야만 한다.

금융은 제조업과 달리 눈에 보이지 않는다. 따라서 자신의 금융에 대한 이해도가 얼마인지 가늠하지 못한다. 각 국가마다 자국민의 금융지식을 테스트하고 있지만 항상 의미 없이 끝날 뿐이다.

한 가지 분명한 것은 한국과 더불어 일본의 금융 이해도 역시 아주 낮은 수준에 있다는 것이다. 한국과 일본은 제조업에만 치중된 지식과 금융에 대한 무지스러울 정도의 편견을 깨는 노력이 필요하다.

개개인의 금융 이해도는 개인의 라이프스타일에 묻어 있는 경우가 많은데, 몇 가지 질문에 대한 대답을 통해 개인의 미래가 점쳐지고 그 사람의 금융 지식을 가늠할 수 있다. 내가 한국에 돌아와서 느낀, 지독할 정도로 만연해 있는 금융에 대한 편견에서 벗어나지 못하면 개인의 경제독립은 물론 대한민국은 금융강국으로 거듭날 수 없다.

금융은 일종의 종합예술이다.

금융을 종합예술이라고 표현한 이유는 금융산업이 발전하기 위해서는 얼핏 금융과 관련 없어 보이는 분야도 같이 발전해야 할 필요가 있기 때문이다. 교육, 노동, 연금, 자본 등이 바로 그것인데, 이런 것들이 어우러져야 금융산업이 꽃을 피울 수 있다.

금융이 성장하기 위해서는 사회 기조를 이루는 분야의 잘못된 관행에 대한 개혁이 절대적으로 필요하다. 개혁은 고통을 수반한다. 계층이나 이해관계가 다른 사람들을 향한 설득 또한 필요하다. 한국이 앞으로 진정으로 선진국의 대열에 들어가기 위해 어쩔 수 없이 풀어야 하는 숙제다.

누차 얘기하지만 전 세계 인구의 0.2퍼센트에 불과한 유대인들이 막강한 영향력을 가지고 있는 이유는 금융의 힘, 즉 돈의 위력을 이해하고 있기 때문이다. 종교적인 이유도 있겠지만 유대인은 돈에 대한 인식이 그 어느 민족보다 투철하다.

'돈이 일하게끔' 만들고 금융의 중요성을 인지한 민족과 그렇지 못한 민족은 부의 차이가 벌어질 수밖에 없다. 유대인과 정반대의 경우가 바로 일본이다. 일본은 제조업으로 인해 과거 30년 전에는 세계 최고의 경쟁력을 가지고 있었지만 금융의 중요성을 간과했기 때문에 경제력이 하락할 수밖에 없었다. 제조업의 성공이 안정적인 경제력으로 이어지려면 금융산업이 발달해야 하는데 거기에까지는 인식의 전환이 이뤄지지 못한 것이다.

일본과 여러모로 비슷한 경제 생태계를 가진 한국은 일본과 같은 오류를 범해서는 안 된다. 지금도 일본은 주식에 투자하는 것을 꺼릴 정도로 일반 국민의 금융 지식이 낮은 수준이다. 한국도 일본과 비슷했지만 조금씩 나아지는 추세이다. 하지만 아직도 일하지 않는 자산인 부동산에만 자산의 대부분이 몰려 있으며, 오히려 가계자산의 구조는 일본보다 훨씬 더 열악하다.

과거 30년간 미국이 자동차, 조선, 철강 등 제조업에서 경쟁력을 잃었는데도 불구하고 지금도 막강한 경쟁력을 유지하는 이유는 다름 아닌 금융을 잡고 있기 때문이다.

그 어느 때보다 한국이 아시아의 금융 중심지가 될 수 있는 여건이 점차 조성되어 가고 K팝 등을 통해 국가의 위상이 높아진 한국은 다양한 산업이 존재하고 있고 교육열 또한 높다. 외국인들을 상대로 대화할 수 있는 영어 구사력을 가진 국민이 중국이나 일본보다 훨씬 더 많다. 이러한 장점들이 모여서 한국이 금융 강국이 될 수 있는 잠재력이 더욱 커졌다.

다만 아시아의 금융 중심국가가 되려면 선행되어야 하는 것들이 있다. 외국 자본에 대한 국민적 적대감을 지금보다 대폭적으로 줄여야 한다. 아니, 오히려 외국 자본에 대한 친화적인 태도를 가져야 한다. 외국 자본이 한국에 투자한다는 것은 단순히 돈만을 의미하는 것이 아니다. 기술과 노하우도 함께 투자되는 것이라는, 한국에 새로운 기회가 창출되는 효과가 있다는 인식이 넓게 퍼져야 한다.

싱가포르의 경우는 홍콩으로부터 금융 중심지의 위상을 가져오기 위하여 적극적으로 정책을 펼치고 있다. 즉 금융 자유화, 낮은 세금, 무역항 등을 앞세워 외국인 투자 유치에 힘을 쏟고 있다. 싱가포르는 금융소득에 대해 2004년부터 낮게는 5퍼센트의 세율을 적용하고 있다.

홍콩은 금융소득에 대해 낮은 세율을 적용해줄 뿐만 아니라, 홍콩 내에서 벌어들인 홍콩 원천소득에만 과세한다. 즉 홍콩에서 영업하는 외국 금융회사가 홍콩 밖의 해외에서 벌어들이는 소득에 대해서는 세금을 면제해주는 것이다. 문제는 낮은 세금으로 인해 해외 부자들의 돈이 몰리고 있다.

한국도 외국인 투자를 유치하기 위해 좀 더 과감하게 접근해야 한다. 외국의 금융회사들이 한국 진출을 꺼리는 가장 큰 이유는 세율이 높다는 것과 노동의 경직성에 대한 우려 때문이다. 외국인들이 홍콩에 구축해놓은 금융 허브를 한국으로 옮기게 하려면 세금 감면 혜택과 경직된 노동시장의 문제를 해결해야 한다.

최근에는 인도가 경쟁에 뛰어들고 있다. 외국인 투자기업을 유치하기 위해 간디나가르에 설립된 기프트 시티GIFT City, Gujarat

'금융 허브' 노리는 아시아 주요 도시 인센티브 정책

싱가포르	상하이	도쿄
자본이득에 대한 세금 부과 없음	상하이에 5년 이상 거주한 해외 인재에게 영주권 제공	Asia Meets Tokyo 핀테크 프로그램, 핀테크 스타트업과 비즈니스 매칭
은행 및 금융 서비스 발생 소득에 최대 13.5퍼센트 우대세율	'자유무역시험구' 린강신구에서 고정가격으로 아파트 임대	핀테크 사업 영위하는 금융계 외국기업에 법인 설립비용 보조
보험 부문 법인세 10퍼센트 우대세율	린강신구 진입 금융기관에 보조금	설립 2년 이내 금융계 외국기업 사업 진출 경비 보조
핀테크 스타트업에 최대 2만 싱가포르달러(약 2000만 원) 보조금 지급	린강신구 내 금융기관 및 직원에게 포상금	

핀테크 분야 스타트업 환경 순위

도시(국가)	순위
실리콘밸리(미국)	1
뉴욕(미국)	2
런던(영국)	3
싱가포르(싱가포르)	4
홍콩(중국)	5
베이징(중국)	6
상하이(중국)	11
뭄바이(인도)	12
델리(인도)	23
도쿄(일본)	24
서울(한국)	29

출처: 매일경제

International Finance Tec-City는 각종 세금 혜택을 부여함으로써 외국기업 특히 금융사들의 유치를 위해 엄청난 심혈을 쏟고 있다.

국제금융서비스센터IFSC 내에 설립된 기업에 10년 동안 100퍼센트 세금 면제를 포함하여 다양한 인센티브를 제공하는가 하면, 승인 및 감독을 간소화하기 위해 인도 정부가 단일 규제 기관인 IFSC 당국을 만들어 거래량이 늘어나기도 했다.

한국도 최근 외국인 투자자들이 한국에 더 쉽게 투자하는 길을 열어주기 위한 절차 간소화를 추진하기 시작했다. 그 결과 외국인의 투자가 활발해지면서 기업들의 자금 조달이 용이해지고 한국 주식 시장에 대한 매력도도 높아질 것으로 기대된다. 언젠가 30여 년 만에 외국인 투자자의 등록 절차를 폐지하려는 논의를 시작했다는 기사를 본 적이 있다. 무척 고무적인 일이라고 생각한다.

기업지배구조의 개선이 절실하다

한국 주식을 말할 때 항상 따라다니는 단어가 '코리아 디스카운트Korea Discount'이다. 한국 주식이 미국이나 기타 선진국 주식 시장에 상장된 주식보다 신뢰성 면에서 떨어진다는 한국 주식에 대한 부정적인 시각을 표현하는 말이 바로 코리아 디스카운트다. 실제로 많은 국내 투자가들이 한국에 투자하는 것보다 미국에 투자하는 것이 안정적이라는 생각을 갖고 있고 그런 생각을 행동에 옮기기도 한다.

국내 연기금 등 기관 투자가들조차 한국 투자 비중을 줄이고 해외 비중을 늘리겠다고 하니 이러한 환경에서 한국이 금융강국이 되는 것은 요원한 일이다.

외국의 자본이 물밀 듯이 한국에 들어와 한국 기업에 투자할 수 있도록 가동할 수 있는 모든 방책을 강구해야 한다. 그런데 현실은 안타깝게도 외국 투자가들의 한국 투자 비중이 갈수록 줄어들고 있다.

외국 투자가들에게 한국에 투자하기를 권하기 전에 급선무로 해결할 것이 있다. 그것은 기업지배구조의 혁신적인 변화이다. 1997년 외환위기를 겪은 후 지배구조의 중요성을 깨닫고 많은 제도적인 진전이 있었지만 안타깝게도 조금씩 옛날 상황으로

국내 상장주식 외국인 보유 비율

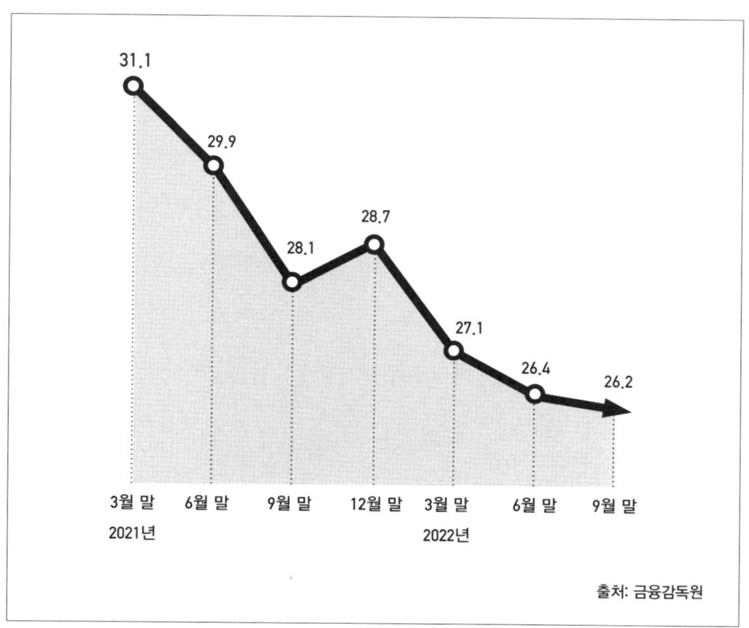

다시 돌아가고 있는 현실을 부인할 수 없다. 내가 외국인 투자가들로부터 가장 많이 들은 불평은 한국 기업 경영진의 지배구조에 대한 잘못된 인식이다.

기업지배구조의 개선을 말하면 기업의 경영진을 포함해 많은 사람들이 기업을 괴롭히는 것으로 오해한다. 기업지배구조가 좋아지면 긍정적인 면이 한두 가지가 아니다. 우선 회사의 가치 즉 시가 총액의 규모가 올라간다. 회사의 가치가 올라가면 누가 가장 혜택을 볼까? 당연히 회사 지분을 많이 갖고 있는 사람, 즉 대주주가 가장 많은 혜택을 본다.

노후 준비를 원하는 많은 소액 투자가들 또한 경제적으로 큰 도움을 받는 것은 물론이다. 시가총액의 증가는 곧 기업의 자금조달 비용을 줄여주어 국가 차원에서도 큰 혜택이 있다. 경영진과 주주 간의 분쟁에서 비롯되는 각종 민형사소송을 피할 수 있어 국가 세금을 줄임으로써 사회 비용의 절감을 가져온다.

많은 사람들이 코리아 디스카운트를 해소해야 한다고 하면서도 사실은 절박함이 없다. 30년 전과 비교할 때 회계의 투명성을 강조하는 등 제도는 많이 바뀌었지만 기업들의 기업지배구조가 눈에 띌 정도로 좋아진 것 같지는 않다.

끊임없이 이어지는 경영진과 회사의 주요 결정들이 주주들의 실망을 낳게 되고 결과적으로는 많은 투자가들이 증시를 떠나게 만든다. 외국인 투자가들도 이를 불편하게 보기는 마찬가지다. 주주총회에 주주들이 들어오지 못하게 하려고 같은 날 같은 시간에 여러 기업들이 주주총회를 연다든지 하는 것은 국내 투자가들이 보기에도 낯뜨거운 일이다.

지배구조의 중요성을 원론적으로만 이슈화할 것이 아니라 구체적인 실행이 절실한 이유다. 주주총회에 직접 참가하지 않아도 투표할 수 있는 전자투표제도 고려해볼 만하다. 요즘처럼 주식 가격이 떨어져 있을 때가 사실은 가장 좋은 타이밍이다. 지배구조를 개선해 기업의 가치를 올리면 주식 가격은 자연히 올라갈 수밖에 없다.

일반적으로 기업이 외부에서 자금을 조달하는 방법에는 세 가지가 있다. 하나는 은행에서 차입하는 것이고, 둘째는 채권을 발행하는 것이고, 셋째는 주식을 발행하는 것이다.

이 세 가지 자금 조달 방법 중 어느 것이 가장 비싼 방법이냐는 질문에 놀랍게도 많은 사람들이 두 번째 방법인 채권 발행이라고 대답한다. 경영진이나 일반 주주들의 인식이 얼마나 잘못되어 있는지 알 수 있는 대목이다.

당연한 말이지만, 은행에서 돈을 빌린 기업은 은행에 이자를 꼬박꼬박 내야 한다. 이자를 내지 않으면 차압이 들어올 테고 원금과 이자를 갚지 못하면 도산하게 된다. 채권도 마찬가지다. 회사채를 발행했을 때 1년에 5퍼센트로 발행하면 5퍼센트의 이자를 내야 한다. 만약 내지 않으면 채권을 산 사람들이 소송을 걸고 회사를 망하게 할 수도 있다.

그런데 주식을 발행했을 때는 이러한 일이 일어나지 않는다. 예를 들어서 배당을 주지 않았을 때 주주들이 강제적으로 배당을 요구할 수가 없다. 이러한 점 때문에 많은 사람들이 주식을 발행하는 비용이 가장 싼 방법이라고 오해하고 있다. 은행에서 자금을 조달하는 방법이나 채권을 통한 방법보다 주식을 통한 기업의 자금 조달이 가장 비싸다는 사실을 인식해야 한다. 주식을 사는 사람들은 당연히 훨씬 큰 이익을 기대하기 때문이다.

기업이 지배구조를 제대로 이해하고 있느냐가 중요한 까닭이 여기에 있다. 회사의 주식을 산 사람들은 은행이나 채권보다 더 높은 이득을 기대하고 주식을 샀기 때문에 경영진은 반드시 주주들의 기대가 높다는 것을 인지하고 있어야 한다.

주식을 발행하고 배당을 안 줘도 되기 때문에 주식을 발행하는 비용이 채권보다 낮다고 생각하는 것은 근본적으로 자본주의에 대한 이해 부족이다. 경영진이 이를 충족하지 못하면 시장의 신뢰를 잃기 때문에 주식 가격은 떨어질 수밖에 없다. 그렇게 되면 결국 자금조달비용이 더 늘어나게 된다. 이 때문에 CFO라는 직책을 가진 사람의 역할이 매우 중요한데 한국의 기업에서는 이것을 이제 겨우 인식한 수준이다.

기업의 자금조달 방법을 수립하고 자금을 어떻게 쓸 것인가를 결정하는 직책이 CFO인데, 외국에서는 CFO가 CEO 다음으로 굉장히 중요한 역할을 한다. 안타깝게도 한국 기업 중에는 지금도 CFO가 없는 경우가 훨씬 많거나 CFO가 해야 할 일을 그냥 회계팀에서 맡는 경우가 많다. 한국 기업들은 이러한 부분에 더 많은 신경을 써야 한다.

좋은 기업지배구조는 단순히 주주들의 이익만을 지칭하는 것이 아니다. 회사의 경영에 수반하는 모든 것, 예컨대 직원의 복지 및 퇴직제도, 소비자들을 어떻게 생각하고 응대하는지에 대한 구성원들의 인식과 조직 문화 등 훨씬 포괄적인 것이다. 지배구조의 선진화는 한 기업에만 해당하는 것이 아니고 한 국가의 미래를 좌우한다.

연구에 의하면 낮은 배당 성향 등 미흡하고 소극적인 주주 환원 정책이 코리아 디스카운트 요인 중 43퍼센트를 차지한다고 분석하기도 했다. 이와 같은 분석을 뒷받침하듯 한국 기업의 주주 환원 성향은 분석 대상 45개국 중 최하위를 차지하고 있다. 이어 국내 기업의 낮은 수익성과 성장성(36퍼센트), 소액주주 보호에 취약한 기업 지배 구조(14퍼센트)가 코리아 디스카운트를 발생시킨 요인이다.

외국 자본에 차별이 없어야 한다

외국인 투자가 중요하다고 하면서 외국인 투자유치에 열을 올리지만, 막상 외국인이 돈을 벌게 되면 국부유출이라고 비난하기도 한다. 미디어에 종종 등장하는 단어가 바로 '국부유출'이다. 흔히들 주식투자를 통해 벌어들이는 소득을 불로소득이라고 말하는데, 들을 때마다 내 마음이 답답하다.

미디어의 프레임은 외국인 투자가가 돈을 많이 벌어가면 한국의 부가 외국으로 유출되는 것으로 이해한다. 외국인 투자자가 한국에서 손해를 보게 되면 은근히 즐거워하는 경우도 종종 있다. 외국인 지분이 높은 한국의 기업이 배당을 많이 책정하여 외국인이 배당 수익을 많이 받게 되면 큰 문제가 있는 듯이 언론은 보도한다. 심지어는 '먹튀'라는 단어를 사용하는 언론도 있었다.

일면 그럴듯하지만 이러한 편견들이 결국 한국 금융의 경쟁력을 깎아내리는 주범이다.

한쪽에서는 외국인 투자를 유치하기 위해 많은 혜택을 주려고 노력하는데, 막상 외국인 투자가들이 돈을 벌게 되면 국민 정서는 외국인 투자가가 돈을 벌어가는 것에 대해 기꺼이 거부감을 드러낸다.

한 국가의 금융 산업이 거시적인 관점에서 발전하려면 국내자본과 외국자본의 차별이 없어야 한다. 그래야 시장의 전체적인 규모가 커지고 성장 동력이 생긴다.

불법적인 자금의 출처 여부를 따지는 것은 국내자본이든 외국자본이든 철저하게 해야 할 일이다. 그러나 이것과 별개로 자본의 국적 자체를 가지고 차별하는 것은 현재 한국 경제의 규모를 생각할 때 의미가 없는 일이다.

한국 사회는 외국자본에 대해 가지고 있는 두려움을 떨쳐내야 한다. 한 가지 분명한 것은 외국자본이 한국 투자를 통해 돈을 벌면 한국 기업이나 개인이 더 큰 돈을 번다는 사실이다. 국내 기업이 배당을 늘리면 외국 투자가도 돈을 벌지만 한국 투자가는 더욱 큰돈을 번다는 사실을 잊어선 안 된다.

한 외국인이 한국 기업에 투자해 돈을 벌면 그 외국인의 친구들 또한 한국에 대한 투자를 원하게 될 것이다. 외국 자금의 한국 투자는 절대적으로 필요하다. 앞에서도 얘기했지만 단순히 자금

유치보다 더 중요한 것은 다양한 혁신 기술의 유입도 동반하게 된다는 것이다. 근시안적인 시각으로 외국자본에 대해 편견을 가지고 접근하면 소탐대실을 초래할 수밖에 없다. 직접 투자뿐 아니라 간접 투자도 활성화되어야 한다.

한국 정부는 세금 등 각종 인센티브를 주고라도 외국자본의 유치에 적극적으로 나서야 한다.

외국의 투자가들이 한국의 젊은 창업가들에게 투자를 할 동기만 부여해주면 굳이 실리콘밸리까지 찾아가서 투자의 적합성과 필요성을 읍소할 필요가 없다. 정부 입장에서 한국이 국제적인 금융 경쟁력을 갖기를 원한다면 일단 외국인 투자에 대한 인식부터 달라져야 한다.

중국, 베트남 등의 사회주의 국가들은 외국자본을 끊임없이 통제하려고 한다. 이처럼 투자하는 것은 쉬운데, 밖으로 돈을 가지고 나가는 것을 어렵게 만드는 나라들에 대해선 외국인 투자가들이 투자를 꺼릴 수밖에 없다. 다행히 한국은 다른 사회주의 국가들과 비교했을 때 외국인 투자가들에게 훨씬 더 우호적인 편이긴 하지만 아직 미흡한 것들을 훨씬 더 전향적으로 개선해 나가야 한다.

할 수만 있다면 한국에 투자하는 것에 그치지 않고 한발 더 나아가 외국자본이 한국에 계속 머물러 있는 환경을 만들어줘야 한다. 외국자본이 한국 금융시장에 유입되면 기업의 시가 총액이 증

한국을 떠난 다국적 금융회사들

연도	국가	금융사명	철수 분야
2013년	영국	HSBC	은행(소매금융)
	네덜란드	ING생명	보험
	미국	골드만삭스	자산운용
2016	독일	알리안츠생명	보험
2017	미국	골드만삭스	은행
	영국	스코틀랜드왕립은행(RBS)	은행
	스페인	빌바오비스카야(BBVA)	은행
	영국	바클레이스	은행
2018	스위스	UBS	은행
	미국	JP모건	자산운용
2019	호주	맥쿼리	은행
2020	미국	푸르덴셜생명	보험
2021	미국	씨티	은행(소매금융)

자료: 〈이코노미조선〉 취합

가하는 효과도 기대할 수 있다.

외국자본에 의해 기업의 가치가 재평가되면서 시가 총액이 올라가고 회사의 경쟁력이 국제적인 관점에서 제대로 된 평가를 받을 수 있다.

제도와 법을 바꿔 외국자본 유출입을 자유롭게 만드는 데에는 다소간 시간이 걸리겠지만 사람들의 인식부터 바꾸는 일은 정부와 기업이 노력하면 당장 시작할 수 있는 일이다.

외국인 소유의 자본이 한국에 많이 들어오게끔 우리 사회 각 분야에서 인식의 변화가 일어나야 한다. 이 또한 금융교육이 절실히 필요한 이유이다.

노동시간보다 중요한 것

앞에서도 얘기했지만 경제 위기를 겪은 국가들을 보면 노동과 자본이 경직되게 운용되었을 때 경제 위기를 맞았다는 공통점을 발견할 수 있다.

한국이 1997년에 경제 위기를 맞게 된 이유 역시 노동과 자본이 부가가치가 높은 곳으로 흘러가야 하는데 그렇지 못했기 때문이다. 이와 함께 기업지배구조의 열악함이 더해져 더 유례없는 큰 위기를 맞았다.

관치금융이 횡행했던 과거에는 은행들이 기업가에게 돈을 빌려줄 때 정부의 입김에 의해 은행의 이익을 극대화하기보다는, 이익이 날 가능성이 없는 기업에도 적지 않은 자금이 투여된 경우가 종종 있었다. 이럴 경우엔 기업은 물론이고 은행의 존폐까지 흔들리게 된다.

은행뿐만 아니라 자본이 투자를 결정할 때 객관적인 판단력이 작동해 미래 성장 가능성이나 동력이 크고 펀더메탈이 튼튼한 기업을 투자 대상으로 선정한다면 투자자들의 수익성도 좋아지고 국가의 경쟁력도 당연히 성장한다. 여기서 펀더멘탈Fundamental이라는 말은 쉽게 말하면 기업의 기초 체력을 얘기한다.

자본뿐만 아니라 노동을 바라보는 관점도 바뀌어야 한다. 과거에는 노동집약적인 기업이 경쟁력 있었지만 현재는 전혀 성격이 다른 산업이 훨씬 부가가치가 높아진 상태다.

노동력도 당연히 이러한 새로운 변화에 적응하고 부가가치가 높은 쪽으로 자연스럽게 흘러가야 한다. 과거의 노동집약적인 기업은 시간이 지날수록 경쟁력을 잃어갈 것이고 노동력의 퇴행과 감소를 경험할 수밖에 없다.

언젠가 언론 매체와의 인터뷰에서 나는 "뉴패러다임에 주목해야 한다"면서 "소품종 대량생산의 시대는 저물었고, 기존 한국의 노동·자본집약적 성장 방식도 한계에 다다랐다"고 지적한 적이 있다. 과거의 단순한 업종은 점차 경쟁력을 잃어가고 미래의 성장을 위해 한 단계 도약을 준비해야 하는 시기로 본 것이다.

노동집약 산업에서 값싼 노동력을 앞세운 중국에 그 자리를 내주는 것이 나쁜 것만은 아니다. 새로운 아이디어나 부가가치가 높은 산업으로 이동해야 하는 것이 미래 산업의 핵심이기 때문이다.

과감하게 체질을 바꿀 수 있어야 한다. 서비스업 · 인터넷기업은 물론이고 최근 각광받고 있는 핀테크(기술+금융) 기업은 새로운 가치를 창출할 수 있다는 측면에서 주목할 만하다.

그런데 이런 패러다임의 전환 없이 노동자들은 자신이 한번 입사한 곳에 마치 뼈를 묻어야 한다는 생각으로 평생 근무를 당연하게 여기고 있다. 이런 문화에서는 노동의 유연성을 기대할 수 없다.

한국에 와서 가장 어려움을 느낀 것 중의 하나가 노동에 대한 한국 사회의 관점과 편견이었다. 관련 법 중에 가장 이해가 안 가고 적응하는 데 어려움을 겪은 것이 앞에서도 언급한 52시간 노동제였다. 근로자의 권익을 보호하는 것은 너무나 당연한 일이다. 하지만 법적으로 노동 시간을 주 52시간으로 묶어 놓는 것은 근로자의 권익을 보호하는 근본적인 해법이 될 수 없다. 금융기관의 고액 연봉을 받는 사람까지 제한을 받는 일률적인 적용에는 동의하기 힘들다.

예를 들어 공장에서 일하는 생산직 근로자는 쉴 틈이 없이 일을 할 수밖에 없다. 생산직은 공정이 다 연결되어 있기 때문에 혼자서만 휴식을 취할 수 없는 구조이기 때문이다. 이러한 시스템에서 근로자의 인권을 보호하기 위한 장치로 노동시간을 제한하는 것은 설득력이 있다.

하지만 연봉이 높고, 생산직에 비해 노동력을 투여하는 형태가 다양한 다른 직종이나 금융업까지 52시간 제도를 일괄적으로 적용하는 것은 효율성을 생각할 때 지극히 잘못된 제도다. 오히려 그 52시간을 지키려고 감시하고 통제하는 시간과 노력에 들이는 비용이 도리어 금융산업을 도태시키는 결과만 가져온다.

나 또한 52시간을 지켜야 하는 제도로 인해 곤란한 점이 한두 가지가 아니었다. 나의 신념에 의해 메리츠자산운용의 직원들은 근무시간을 자유롭게 쓸 수 있었고 그 결과 재택근무를 하는 직원도 많았다. 그러다 보니 일일이 노동시간을 체크하는 일은 불가능에 가까웠다.

많은 전문가들은 외국의 금융회사들이 한국에 진출하기를 꺼리는 이유가 한국의 경직된 노동법 때문이라고 진단한다. 그만큼 주 52시간 제도는 아주 제한적으로 운영되어야 한다고 믿는다. 미국의 경우 월스트리트의 금융회사에 취직하게 되면, 골드만삭스 같은 회사에서는 혹사라고 봐도 무방할 정도의 강력한 노동을 요구한다. 일주일에 80시간은 보통이다. 노동 강도가 높은 만큼 근무환경이나 급여가 높은 수준이다.

다시 강조하지만 생산직과 단순노동을 제외한 업종의 노동시간을 국가가 법으로 제한하는 것은 문제가 있어 보인다. 사람에 따라 근로의욕이 있는 사람, 돈을 많이 벌고 싶은 사람, (게임, 금융 등) 새로운 아이디어 창출을 위해 열심히 도전하고 싶은 사람까지 법으로 제약하는 건 오히려 노동할 권리를 제약하면서 국가 경쟁력을 떨어뜨린다.

노동 현실과 괴리가 있는 노동법에 대한 재검토는 국가 경쟁력을 회복하기 위해서라도 반드시 필요하다. 정규직과 비정규직의 구분을 하는 것도 이상하지만 업종에 상관없이 모두 52시간제를 적용하는 것은 한국 경제에 어쩌면 치명적인 리스크로 다가올 수도 있다.

고용을 늘리기 위해 비정규직을 만들고 그들이 2년을 일하면 자연히 정규직으로 전환해야 한다는 법이 생긴 후부터 회사들이 오히려 비정규직으로 고용한 이들을 편법으로 해고하는 일이 생겼다. 결국 손해를 보는 사람들은 노동자들이다.

그렇다면 노동시간보다 중요한 것은 무엇일까. 당연히 효율이다. 한국 사회와는 달리 미국은 직원이 몇 시간을 일했는지 전혀 관심을 두지 않는다. 예를 들어 세일즈를 담당하는 직원은 자금을 유치하는 것을, 펀드매니저는 투자의 성과가 가장 중요한 관심사이고, 애널리스트는 얼마나 분석을 잘했느냐가 중요한 것이지 근무시간 자체가 중요 요인은 아니다.

미국에서 경제위기 때 해고된 사람들을 대상으로, 3년 뒤에 전 직장으로부터 복귀할 수 있는 기회가 주어진다면 돌아갈지 여부를 물은 적이 있었다. 그랬더니 80퍼센트의 사람들이 원하지 않는다고 대답했다. 그들은 이미 더 경쟁력 있는 기업으로, 부가가치가 더 높은 영역으로 옮겨서 일을 하고 있었기 때문이다.

미국 사회에서 노동조합의 힘이 약해진 이유 중에 하나는, 미국의 기업들이 직원들에게 주식을 싸게 살 수 있는 권리를 부여한 스톡옵션 제도를 시행했기 때문이다. 단순히 자본가와 노동자로 나누는 것이 아니라 노동자 역시 자본가가 될 수 있는 기회를 주고 그것을 실현케 한 것이다.

종업원, 주주, 경영진의 관계에 대해서 그동안 한국 사회는 진지한 성찰이나 인식의 변화가 없었다. 대주주의 권리는 너무 많았고, 주주들과 직원들의 권리는 보호되지 못하였다. 그것을 개선하려면 기업지배구조의 잘못된 관행이 조속히 바뀌어야 한다.

노동자도 주주가 될 수 있듯 직원이 회사의 지분을 갖는 것은 당연하다. 외국회사들은 일정 부분 직원들이 주식을 싸게 살 수 있는 기회를 주는데, 대다수 한국 기업은 그런 시스템을 두지 않고 있고 직원들도 관심을 갖고 있진 않다.

이것은 단순히 기업의 문제만이 아니다. 한국의 국가경쟁력에 큰 영향을 끼치기 때문에 중요한 일이다. 지배구조가 열악해지면 시가총액이 기업지배구조가 좋은 기업들에 비해 경쟁력이 축소될 수밖에 없다. 시가총액이 작아지면 자금 조달비용이 늘어나기 때문에 기업 경쟁력의 하락을 가져온다.

1997년의 경제위기 때 한국의 많은 기업들이 도산하거나 다른 기업에 헐값에 팔렸다. 그런 결과를 맞이한 가장 큰 이유는 기업지배구조가 너무나도 열악했기 때문이었다. 쉽게 말해 그 당시는

'기업지배구조'라는 단어 자체가 굉장히 낯설었다. '체크 앤드 밸런스check and balance' 과정 없이 문어발식 확장으로 갑자기 골프장을 짓거나, 사옥을 크게 짓는다거나, 무분별하게 전문성이 없는 산업에 진출했다.

기업지배구조가 건전했다면 위기를 겪지 않았을지 모른다. 지배구조가 열악한 탓에 그렇게 사업을 확장하면서 발생한 출혈을 감당하지 못했고 그 결과 도산에 이른 것이다.

그런데 그 결과가 정말로 치명적인 이유는 기업만 망하는 것이 아니라는 점이다. 그 피해는 고스란히 그 사회의 구성원, 국민들에게 돌아온다. 엄청난 사회적 비용이 발생하는 것이다.

노동자와 기업과의 분쟁 역시 막대한 사회적 비용을 치르게 한다. 이 비용을 줄이려면 반드시 법과 제도가 현실에 맞게 개정되어야 하고, 인센티브나 스톡옵션 제도를 통해 직원들도 주식을 소유해야 한다.

지금 한국의 기업지배구조는 경제위기 때의 교훈으로 상당히 개선되었지만 아직도 열악한 곳이 많다. 2007년 미국의 금융위기도 근본적인 원인은 은행 등 금융기관들의 지배구조의 열악함으로부터 촉발된 것이다. 아이러니하게도 이때가 미국 기업들이 자기들의 기업지배구조가 좋다고 자만했던 시절이 있었다.

예를 들어 미국에서 처음 집을 살 때 은행에서 대출 받으려면 대략 3개월 정도가 걸린다. 대출을 신청한 사람의 재정 상태를 조사하고 승인까지 나는 데 그 정도 시간이 걸리는 것이다. 그런데 미국 부동산 가격이 치솟고, 부동산 파생상품이 복잡해지는 바람에 미국 기업들이 CEO나 임원들에게 지급하는 보너스에 차이가 나기 시작한 것이다. 보너스를 많이 받기 위해 필요 이상의 위험을 감수하다 결국은 많은 금융회사들이 파산하게 된 것이다.

그 탐욕을 절제했어야 했는데 이사회가 제 역할을 하지 못했다. 미국도 기업지배구조의 중요성을 간과했다가 큰 위기를 초래했으니 그야말로 아주 값비싼 수업료를 치르고 교훈을 얻은 셈이다.

부동산에 대한 집착을 버려야 한다

한국은 일본과 함께 부동산에 대한 집착이 무척이나 강한 나라다. 땅과 건물에 대한 소유 여부를 부의 기준으로 보는 시각은 여전히 지배적이다. 그래서 부동산에 투자하는 것에는 특별한 저항감이 없지만 아직도 주식투자에 대해서는 부정적인 생각이 주를 이룬다.

한국 가계 자산 중에 부동산이 차지하는 비중이 80퍼센트라고 한다. 전 세계에서 가장 높은 수준이다. 부동산에 대한 일반인의 인식이 비슷한 일본의 경우도 40퍼센트 정도니 한국의 부동산에 대한 집착이 어느 정도인지 짐작할 수 있다. 몇몇 방송에 나가서 부동산에 대한 나의 생각을 피력한 적이 있는데 그때마다 너무나 많은 악플에 시달렸던 기억이 난다.

한국의 젊은 사람들은 사회에 진출해 첫 직장을 갖자마자 집을 사야 한다는 강박에 시달린다. 집에 대한 집착을 버리려면 기회비용이라는 개념을 이해해야 하며, 그 출발은 집을 꼭 소유하고 있어야 할까에 대한 근본적인 의문으로 시작되어야 한다.

집을 사는 게 아니라 그 자금을 활용해서 다른 방법으로 '내 돈에게 일을 시킬' 수는 없을까? 내가 가지고 있는 자금을 집을 사는 데 쓰는 순간 그 돈은 더 이상 아무 일도 하지 않는다는 사실을 대부분의 사람들은 인지하지 못한다.

언젠가는 집값이 오르겠지 하는 막연한 생각을 하면서 무조건 집을 매입하려고 한다. 다행인지 불행인지 한국의 부동산은 오랜 기간 꾸준히 오르는 바람에 한국인의 부동산에 대한 집착은 의심을 받지 않은 채 더욱 강화된 것 같다.

한국인의 집에 대한 집착은 미국에서도 이어진다. 미국 뉴욕 퀸스에는 플러싱Flushing이라는 동네가 있다. 한국인이 너무 많아서 그곳에서 태어난 사람은 영어를 배우기 힘들다는 농담이 오갈 정도다.

내가 미국에 가서 처음 플러싱을 갔던 게 1980년도였다. 아무도 거들떠보지 않던 낙후된 동네였던 그곳을 한국인들은 특유의 근면성과 영민함으로 전과 비교할 수 없는 큰 상권으로 성장·발전시켰다.

40년이 지난 지금 다시 플러싱을 가보면 한국 간판은 거의 다

사라지고 중국 간판이 그 자리를 차지하고 있다. 이유를 알면 더욱 씁쓸해진다. 경제적 성공을 이룬 한인들이 그 자금을 가지고 재투자를 하는 대신 교외에 멋진 집을 산 결과다. 하지만 중국인들은 한인들이 차지하고 있던 상권에 비집고 들어와 집을 사는 대신 비즈니스에 재투자하였다. 그 결과 플러싱은 중국 타운으로 완전히 변화되었다.

개인뿐만 아니라 한국의 기업들도 부동산에 대한 집착이 강하다. 반드시 사옥이 있어야 하고 그 사옥은 웅장할수록 좋다. 내가 펀드를 통해 오랜 기간 투자했던 기업 중에는 비즈니스를 잘해서 많은 돈을 번 기업들이 있는데, 어느 정도 회사가 건실해지면 사옥을 구입하느라 회사의 매출규모에 비해 많은 비용을 쓰는 경우를 자주 목격했다. 재투자해서 끊임없이 수익을 창출하도록 움직여야 하는데 그 돈을 사옥 구매에 씀으로써 더 이상 돈이 일을 하지 못하게끔 하는 것이다.

부동산에 집착하는 기업을 보면 정상적인 투자가들은 그 기업에 투자하고 싶은 마음을 거둬들이게 된다. 부동산에 대한 집착이 회사가 성장할 수 있는 다른 동력이나 기회비용을 가로막을 수 있기 때문이다.

내가 근무했던 KPMG, 스커더, 도이치, 라자드 모두 부동산을 소유하지 않았다. 부동산을 소유하는 대신 그 돈을 부가가치가 높은 곳에 투자하면 많은 돈을 벌 수 있다는 걸 알았기 때문이다. 그래서 기회비용의 중요성을 아는 것이 중요하다.

한국에서는 주식을 위험자산이라고 하지만 부동산은 위험자산이라 칭하지 않는다. 부동산은 우리가 선택할 수 있는 자산의 한 종류일 뿐이다. 이런 인식에 따라 부동산에 대한 지나친 편중은 개선될 필요가 있다.

한국에서 사회생활을 시작한 사람들은 대개 집을 소유하지 않으면 불안하게 생각하는 경우가 많은데 그럴 이유가 없다. 우선순위에서 후 순위에 놓은 것이라고 생각하면 된다. 집은 나중에 충분히 구입할 수 있다. 돈이 먼저 일하게 하는 것이 더 중요하다.

집을 구입하는 것과 월세로 사는 것 중 어느 것이 유리할까 판단할 때 꼭 참고 삼아야 하는 룰이 있다. 5퍼센트 룰이라는 게 그것이다. 1년 월세가 집값의 5퍼센트가 넘는다면 집을 구입하는 것이 유리하고 그 반대라면 월세가 유리하다. 1990년 내가 미국에서 첫 집을 구매했을 때 1년 월세가 집값의 10퍼센트가 넘었다. 당연히 집을 사는 것이 월세보다 유리했다. 그 당시는 미국의 이자율이 꽤 높았을 때였으므로 나는 집을 사는 기준이 한 달 월세가 집값의 1퍼센트를 넘느냐의 여부로 결정했다.

무조건 집이 있어야 한다는 생각 이전에 수학적인 계산을 해야 한다. 많은 사람들이 돈에 대해 감정적으로 소비하는 측면이 있는데, 부동산에 대해서도 이 같은 면이 드러난다. 월세를 내는 것에 대한 심리적인 불안감이 있는 데다, 월세를 산다고 하면 한국 사람들은 사회적인 시선에서 자유롭지가 않다. 그리고 내 집 마련이 되었을 때는 정서적으로 안정감을 느낀다. 이렇듯 돈을 감정적으로 다루는 사람들은 부동산에 집착할 수밖에 없다.

'월세는 버리는 돈이다'라는 인식에서 벗어나야 한다. 내 집주인에게 매달 돈 내는 것은 아깝고, 은행 이자 내는 것에 대해서는 둔감하다. 집을 샀을 때의 회수 불가 비용은 네 가지가 있는데, 은행 이자 비용, 기회 비용, 세금, 수리 비용이 그것이다. 대부분의 한국 사람들은 이 부분을 놓치는 경향이 많다.

집 소유에 집착하는 것은 금융에 대한 이해 부족으로부터 시작된다. 주식투자에 대한 오해로부터 벗어나야 하는 명백한 이유이기도 하다. 사회초년생은 부동산 매입을 고민할 것이 아니라 수익 좋은 퇴직연금이나 연금저축 펀드를 알아보고 적극적으로 주식에 투자할 것을 권한다.

투자는 왜 필요할까? 그 이유는 노후준비를 위한 세금 혜택이 있고 내 노후자금이 가장 열심히 일하는 것은 부동산이 아닌 기업이기 때문이다. 이러한 인식의 변화를 통해 새로운 혁신기업이 탄생하고, 이러한 기업에 자연스럽게 투자한 사람들이야말로 은퇴 후 안정적인 생활을 누릴 수 있다.

John Lee
Next 10 years

한국 금융의 선진화는 자산운용이 주도해야 한다

미국의 금융은 은행이나 보험업 중심에서 자산운용업 중심으로 끊임없이 변화해왔다. 특히 1970년대 ERISA Act•의 제정으로 자산운용업의 중요성과 자본시장에서의 영향력이 커지면서 지금은 자산운용업이 금융산업의 가장 중요한 영역으로 자리 잡았다.

퇴직연금 등이 주식시장에 지속적으로 투자됨으로 인해 애플, 아마존, 구글, 넷플릭스 같은 새롭고 혁신적인 미국 기업들이 탄생하게 되었다. 물론 전자, 철강, 자동차 등 미국이 주름 잡던 산업들을 한국, 중국, 일본 등에 큰 부분 빼앗겼음에도 여전히 미국

• Employee Retirement Income Securities Act. 1974년 제정된 것으로 민간사업에서 개인을 보호하기 위해 자발적으로 설립된 퇴직 및 건강 계획에 대한 최소 기준을 정하는 연방법이다.

이 초강대국을 유지할 수 있게 된 원동력이 되었다. 한마디로 미국의 경제력은 금융의 힘에서 나오는 것이다.

미국에서 은행이나 보험은 이미 중요도나 규모 면에서 자산운용업에 뒤떨어진 지 오래다. 그럼에도 안타깝게도 한국 사회는 자산운용의 중요성을 정확히 인식하지 못하고 있다. 한국의 경우 자산운용회사는 은행이나 보험사의 자회사 정도로만 여겨지는 추세라 그 고유한 역할과 기능을 인정받지 못하는 형편이다.

은행은 담보 등을 통해 기업에 돈을 빌려줌으로써 기업의 성장을 도와준다. 보험회사는 혹시 모를 위험에 대비하도록 기업을 도와주는 역할을 한다. 그런 것들이 과거에는 금융의 중요한 역할이었음이 분명하지만 기업의 혁신적인 성장을 돕고 새 기업이 나오도록 도와줄 수 있는 것은 자산운용업이다. 이미 은행, 보험사, 자산운용사 등 미국의 금융회사들을 비교해보면 가장 규모가 큰 회사들은 자산운용 회사들이다.

우리가 익숙하게 알고 있는 블랙록, 피델리티, 뱅가드, 블랙스톤 등이 모두 자산운용회사인 것처럼, 자산운용업의 영향력은 우리가 예상하는 그 이상이다.

금융 분야에서 경직된 문화적 편견으로 인해 일어나는 부정적 사례는 너무 많다. 한국에 많은 은행과 투자기관이 있지만 여전히 국민들 90퍼센트가 투자에 대해 부정적인 인식을 갖고 있는 것 역시 대표적인 편견의 사례다. 앞에서도 강조했지만 대부분의 퇴직연금이 DB형이라는 사실도 주식투자가 위험하다는 편견 때문이다.

한국 금융이 가지고 있는 여러 편견에 대한 개선의 노력은 보이지 않고 여전히 자산운용사보다는 일반 은행 중심으로 금융이 돌아간다. 미국은 일반 은행 중심에서 자산운용사 중심으로 변화하고 있는데, 한국은 아직도 일반 은행에서 자산운용사 중심으로의 전환을 이루지 못하고 있다.

미국의 금융회사를 떠올리라고 하면 앞에 언급한 뱅가드, 블랙록, 피델리티 등 자산운용사부터 떠올리게 되지만 한국에선 외국과 달리 금융기관 하면 아직도 은행을 떠올린다.

미국 사회는 인종의 용광로답게 끊임없이 새로운 것을 시도하고 항상 변화하는 사회다. 그곳에선 소수 의견, 작은 아이디어도 존중받는다. 그런 작은 의견, 소수 의견들이 새로운 시대의 핵심적인 수요를 읽어내고 미국 사회를 선도해온 것이다. 낡은 기성의 눈으로는 읽어낼 수 없는 것들을 미국 사회는 예리하게 찾아내 읽어낸다. 이러한 것들은 단언컨대 금융업 특히 자산운용업의 발전으로 가능한 것이다. 미국의 일반 은행과 투자은행 IB 업계가 위세를 잃어가는 동안 월가의 주도권은 초거대 자산운용사를 중심으로 넘어가기 시작했다.

2019년 9월 월스트리트저널WSJ은 "로이드 블랭크페인 전 골드만삭스 회장이 지금껏 가장 후회하는 것은 부실 모기지에 손댄 것이 아니라 2009년 바클레이즈Barclays가 매각하려던 인덱스펀드 사업인 아이쉐어즈iShares를 블랙록에 뺏긴 것"이라며 "이후 아이쉐어즈는 블랙록이 6조 3천억 달러 규모의 세계 최대 자산운용 제국을 건설하는 데 중추가 됐다"고• 보도했다. 이것이 현재 미국 금융산업의 변화하는 현실을 가장 뜨겁게 웅변하는 것이다.

이 신문은 블랙록의 아이쉐어즈 인수는 당시 고가 논란을 일으켰지만 결국 월가의 권력 지형을 재편하는 시발점이 됐다고 보았다. 이후 월가의 수익과 자산 규모, 영향력은 골드만 같은 투자은행에서 블랙록과 뱅가드그룹 등 거대 자산운용사로 넘어갔다고 볼 수 있을 것이다.

글로벌 자산운용사인 블랙록과 뱅가드, 스테이트스트리트, 피델리티 인베스트먼트의 운용자산AUM은 현재 16조 5천억 달러에 이른다. 2009년 이후 두 배 넘게 증가한 액수다. 뱅가드의 경우 지난해 매일 10억 달러씩 신규 자금이 유입됐다. 반면 같은 기간 미국 상위 10대 은행의 자산 규모는 2007년과 비교해 오히려 6퍼센트 줄었다.

미국 규제 당국은 금융위기 '주범'인 은행들이 과도하게 위험을 떠안지 못하도록 여러 겹의 안전장치를 강제하고 회사 규모를

• 2022년 말 블랙록의 자산 규모는 10조 달러 이상으로 우리 돈으로 1경에 달한다.

줄이도록 압박했다. 그러는 사이 저금리 시대가 열리자 일반 투자자는 은행에 저축하는 대신 저렴한 수수료와 상대적으로 위험도가 낮은 인덱스펀드로 몰렸고 그에 따라 월가의 균형추도 자연스럽게 그쪽으로 이동하게 된 것이다.

글로벌 톱3에 속하는 경영전략 컨설팅회사 보스턴컨설팅그룹BCG에 따르면 2006년부터 2017년까지 글로벌 자본시장 매출에서 블랙록과 같은 자산운용사가 차지하는 비중이 39퍼센트에서 49퍼센트로 늘어났다. 자산운용사는 이제 글로벌 자본시장에서 가장 매출이 큰 단일 부문이 됐다.

월가 IB들은 뒤늦게 자산운용 부문을 강화하고 있지만 이미 바이사이드buyside•로 넘어간 주도권을 되찾아오긴 쉽지 않아 보인다. 골드만삭스가 2015년 첫 패시브 펀드Passive Fund••를 출시한 이후 지금까지 100억 달러를 모을 동안 블랙록은 무려 1조 2천억 달러의 자금을 쓸어 담았다.

금융산업 개념의 중심이 자산운용사로 바뀌고 있는 것은 이제 부인하기 힘든 시대적 대세다. 이들의 자신감은 세계 금융 허브로 불리는 뉴욕을 떠나 과감하게 지방으로 이전하는 데서도 드

• 투자, 자산운용을 업으로 하는 기관. 헤지펀드, 사모펀드, 자산운용사, 각종 연기금 등이 속한다.

•• 특정 주가지수를 구성하는 종목들을 펀드에 담에 그 지수 상승률만큼 수익률을 추구하는 펀드이다.

러난다.

미국을 대표하는 자산운용사 중 하나인 스테이트스트리트는 2022년 5월 뉴욕 지사 직원들에게 사무실 폐쇄 준비를 지시했다. 스테이트스트리트의 운용 자산은 3조 5천억 달러에 달한다. 이들은 뉴욕 사무실을 폐쇄하고는 직원들에게 뉴저지주나 코네티컷주에서 근무할 수 있는 선택지를 주었다. 보도에 따르면 스테이트스트리트의 뉴욕 사무실 폐쇄는 코로나19로 인한 근무 환경 변화 때문이다. 이 회사는 코로나19 사태 초기부터 사무실 출근과 재택근무를 병행하는 '하이브리드형' 근무제를 도입했고 사무실 근무가 필요한 이들만 출근하게 해 뉴욕 사무실은 거의 비어 있었다고 한다.

이번 스테이트스트리트의 결정은 금융 허브인 뉴욕의 위상이 재평가되고 있는 것이라는 해석도 있다. 높은 세금과 비용 등으로 '뉴욕 딜레마'라는 말이 생길 만큼 기업들의 고민은 커져만 갔다. 그런데 코로나19로 상황이 달라졌다. 캐서린 와일드 파트너십 포 뉴욕The Partnership for New York City• 최고경영자CEO는 "팬데믹 국면을 거치며 사람들은 어디서나 효율적으로 일할 수 있다는 사실을 알게 됐다"며 "뉴욕을 당연하게 금융 중심지로 여겨왔던 관

• 뉴욕시의 최고 기업, 투자 및 기업가 회사에서 온 약 300명의 CEO로 구성된 그룹으로 비영리 회원 단체이다.

념에 경종을 울렸다"고 말하기도 했다.

하지만 아무리 사정이 그렇다고 해도 자산운용사로서의 자신감, 성장에 대한 비전과 확신 같은 것이 없다면 뉴욕 사무실을 폐쇄하는 결정을 하기는 어려웠을 것이다. 아마도 내 생각에는 스테이트스트리트의 사무실 이전을 필두로 다른 자산운용사들의 이전이 뒤따를 것으로 보인다.

이처럼 미국 금융시장은 자산운용사들을 중심으로 현재 패러다임의 일대 전환을 이뤄내고 있는 중이다. 그걸 지켜보는 내 마음은 바쁘기만 하다. 한국 금융업도 이런 글로벌 시장의 생생한 변화를 냉철하게 직시하면서 자산운용업이 금융의 중심이 되는 새로운 시대의 요구를 받아들여야 한다.

금융회사의 경영진은 임기가 없어야 한다

한국 금융회사의 CEO는 대부분 임기가 정해져 있다. 그들의 임기는 보통 2년 또는 3년으로 정해져 있고 임기가 끝나면 자리에서 물러나야만 한다. 연임을 하는 경우도 있지만 대부분 1회에 그친다. 아무리 일을 잘하고 회사를 성장시킨 CEO라도 임기를 채우면 당연스레 물러나야 한다는 것이 어쩌면 지극히 불합리하게 느껴진다. 나 또한 메리츠그룹으로부터 대표로서의 임기를 제안받았다면 한국에 오지 않았을 것이다.

CEO는 한 회사의 장단기 프로젝트를 세우고 마스터플랜에 의거해서 회사의 경영을 책임지는 자리다. 끊임없이 새로운 아이디어를 내야 하고 조직이 가지고 있는 잠재적 역량을 이끌어내면서 업무의 효율성과 연속성을 끌어내야 하는 자리다.

경쟁사와의 경쟁에서 앞서고 회사가 정한 목표치에 도달하기 위해 CEO는 강력한 통솔력과 리더십을 발휘한다. 그런데 그런 자리에 임기가 정해져 있다면 과연 자기 역할을 성공적으로 수행할 수 있을까. 이를테면 금융회사의 경우 전략을 세울 때 적어도 5년이나 10년을 내다봐야 하는데 CEO의 임기가 2년 내지 3년이면 아무리 훌륭한 역량을 가지고 있어도 장기적인 전략을 세우기 힘들다.

최고투자책임자인 CIO Cheif Investment Officer도 마찬가지다. 투자를 책임지는 자리는 무엇보다 장기적인 안목과 전략 수립이 중요할 터인데 이런 자리마저 임기를 정해둔다는 건 이치에 맞지 않는다. CEO든 CIO든 자기 자리에서 제 역할을 제대로 수행하면 계속 그 일을 할 수 있게 보장해야 한다. 대신 일을 제대로 못할 경우에는 언제든지 해고가 가능해야 함은 물론이다.

우리나라의 국민연금공단 CIO는 퇴직한 후 심지어 취업을 제한받는다고 하는데 이것도 잘못된 제도가 아닐 수 없다. 임기가 정해져 있고 퇴직 후 취업의 자유도 없는 자리에 역량 있는 유능한 인재가 와서 능력을 발휘하기는 힘들다.

예일대학교의 기금 운용 책임자였던 데이비드 스웬슨은 무려 36년간이나 예일대학교에서 근무했다. 예일대학교 졸업생이었던 그는 예일대학교 기금 운용의 총책임자로 활동하면서 사모펀드, 헤지펀드 등에 과감히 투자해서 연평균 12퍼센트의 높은 수익률을 기록해 대학교의 발전에 크게 기여했다. 자산 규모만 320억 달러. 한국 돈으로 약 44조에 육박하는 돈이다. 그에 반해 한국의 국민연금은 규모도 훨씬 크고 아주 중요한 자산인데도 불구하고 최고투자결정자의 임기가 3년에 불과하다. 이는 분명히 잘못된 제도로 필시 개선이 필요하다.

한국에서 금융회사 간의 차이점이 없고 서비스의 질도 다 비슷한 이유는 어쩌면 경영진 특히 CEO의 임기가 정해져 있는 것과 연관이 있는지도 모른다. 임기가 정해져 있는 CEO는 새롭고 담대한 걸 시도할 여유도 그리고 이유도 없다. 그냥 정해진 임기 안에서 단기적으로 보여줄 수 있는, 안전한 경영에만 전념할 뿐이다. 그러다 보니 한국 금융회사들은 이름만 다를 뿐 모두 비슷비슷한 기업문화를 보여준다.

한국 기업의 최고경영자인 CEO의 임기는 외국에 비해 너무 짧고, 금융당국도 순환인사를 이유로 담당자를 주기적으로 교체하고 있는 게 한국의 현실이다. 하지만 미국과 유럽의 경우에는 5~10년 이상 재임하는 CEO가 많다. 그들은 자기의 경영 철학을 반영하기 위해 장기적인 상품 설계와 서비스 품질에 공을 들이면서 경쟁력을 유지한다.

2005년부터 현재까지 JP모건의 경영 책임을 맡고 있는 제이미 다이먼 CEO는 죽을 때까지 JP모건에 머물 거라는 말을 하기도 했다.

뱅크오브아메리카의 브라이언 모니한도 12년째 CEO를 역임하고 있다. 또 다른 대형 은행인 웰스파고와 씨티그룹은 전임자가 각종 스캔들에 연루되는 바람에 조기퇴직했을 뿐, 통상적으로는 10년을 넘기는 경우가 대부분이다. 로이드 블랭크파인 전 골드만삭스 CEO가 2018년 데이비드 솔로몬 현 CEO에게 자발적으로 왕좌를 넘겼을 때 미국 언론들은 이 상황을 이례적이라고 평가했다. 당시 블랭크파인도 CEO를 지낸 기간이 이미 12년을 채운 터였다.

다른 산업도 마찬가지겠지만 금융회사 경영진이나 연금을 운용하는 회사의 CIO의 임기가 정해져 있는 것은 바람직하지도 생산적이지도 않다. 또한 일반 직원처럼 언제든지 해고가 가능해야 한다. 형식을 혁신하면 내용의 혁신도 따라오게 된다. 인위적인 임기제도를 개선해야만 금융산업이 발전할 수 있는 토대가 마련되는 것이다.

노후를 위한 투자, 연금에 대한 인식을 바꿔라

근로자들의 노후 준비를 위해 미국에서는 1974년 ERISA ACT라는 법을 제정했다. 노동자들의 퇴직연금, 건강보험 등을 다루는 법인데, 이 법의 제정 및 시행이 계기가 되어 미국 금융산업에 큰 변화가 찾아왔다.

대표적인 것이 DC형의 퇴직연금이고 보통 법조항의 숫자를 따서 부르는 401(K) 플랜이다. 이 제도의 골자는 모든 근로자들이 월급에서 10퍼센트를 떼어내 주식과 펀드 등에 의무적으로 투자하게 하고 59.5세가 될 때까지 이를 찾지 못하게 하는 대신 강력한 세금 혜택을 부여하는 것이었다.

이 혁신적인 법이 제정되기 전에는 각 기업 스스로 퇴직연금제도를 운용했는데 대부분 DB의 형태였고 그 결과 기업의 부담은 늘어가고 기업의 경쟁력을 무너뜨리는 주 요인으로 평가되고 있었다.

401(K)의 시행을 통해 비로소 기업들의 만성적인 재정 부담은 줄어들게 되었고 근로자들도 체계적인 노후 준비를 설계할 수 있게 되었다. 1980년대 들어서는 퇴직연금 등의 엄청난 자금이 미국의 주식시장으로 유입되면서 자본시장의 활성화를 가져왔다. 그 결과 새로운 혁신적인 기업들이 탄생하는 기반이 마련되기도 했다. 그 이전까지 주식투자에 별 관심이 없던 사람들조차 이 제도를 통해 주식에 투자해서 노후를 준비해야 된다는 보편적인 인식을 갖게 되었고 결과적으로 효율적인 노후 준비를 할 수 있었던 것이다.

이러한 사회적 인식의 변화 속에서 엄청난 자금을 운영하는 주체인 자산운용회사들의 중요성이 커지게 되었다. 이는 미국의 자산운용사들의 규모가 엄청나게 성장한 배경이 되었다.

내가 일했던 스커더의 경우를 보면 회사 설립연도인 1919년부터 1980년까지 60년 동안 모집한 고객의 투자금보다 1980년부터 1990년까지 10년 동안 모집한 고객의 투자금이 훨씬 클 정도였다.

한국도 10여 년 전 미국과 비슷한 퇴직연금 제도를 도입했지만 아직 그 효과를 누리지 못하고 있다. 기업들 스스로 퇴직연금에 대한 이해가 부족하고 근로자의 인식은 처참할 정도로 낮은 수준이다. 더욱이 현재의 제도는 운용의 주체인 자산운용사의 역할이 크게 제한되어 있어서 원활한 운용이 어려운 상태다. 하루 빨리 자산운용사의 역할이 지금보다 훨씬 확대되어야 한다.

퇴직연금제도가 제대로 운용된다면 한국이 직면한 많은 문제를 해결할 수 있다. 고령화가 빠르게 진행되는 현실에서 국민들의 노후 준비를 도울 수 있고 새로운 혁신적인 기업의 탄생에 힘을 보탤 수 있게 된다. 다양한 형태의 금융산업이 새로 탄생하게 되면서 빈부의 격차가 줄어들고 한국은 금융강국이 될 수 있다.

이렇게 되기 위해서는 두 가지 꼭 해결해야 하는 전제조건이 있다. 지속적인 금융교육과 제도의 개선이다. 미국의 경우 자산운용사들이 지속적으로 근로자들에게 퇴직연금의 교육을 실시한다. 그렇지만 한국에서는 자산운용사의 역할이 제한되어 있는 관계로 금융교육에 적극적으로 참여하기 힘들다. 제도의 개선을 통해 보다 많은 근로자들이 자신들의 퇴직연금에 대해 관심을 갖도록 해야 한다.

여기서 잠깐 호주의 경우를 언급하면, 연금제도인 '슈퍼애뉴에이션Superannuation'* 시행 이후 호주라는 국가의 성격이 달라졌다고 한다. 그와 함께 호주가 세계 자본시장의 강자 반열에 오르게

* 근로자의 퇴직연금 가입과 기여금(연봉의 9퍼센트)을 강제로 적립하게 하는 호주의 퇴직연금제도이다. 1992년에 도입되었다.

되었는데, 그 배경에는 바로 호주의 연금제도가 있었다. 그 제도를 통해 상당히 많은 기금을 조성하고 그 기금 간의 경쟁을 통해서 수혜자인 국민들에게 더 큰 혜택이 돌아갈 수 있었다.

호주에는 이런 농담까지 있다고 한다. '은퇴를 하면 아기 낳을 준비를 하라'. 노후가 안정되어 있기 때문에 아기를 낳아도 아무런 걱정이 없는 환경을 만들어준 것이다. 한국의 저출산은 결국은 노후준비가 안 되어 있는 것과 연결되어 있다. 노후에 대한 불안감 때문에 결혼도 안 하게 되고 아이도 낳지 않게 되는 것이다. 금융산업, 연금, 퇴직연금, 금융산업의 경쟁력, 개인의 금융지식 등이 모든 것이 출산율과 연결되어 있다.

뉴욕에서 펀드매니저였을 때 전 세계의 고객들을 만났지만 호주는 제외되곤 했다. 그런데 어느 순간부터 호주 출장이 잦아졌다. 왜냐하면 앞서 말한 것처럼 연금제도 개혁과 함께 호주의 은퇴 자금들이 급격하게 커졌기 때문이다. 이후 미국의 자산운용사들은 호주 연금의 자금을 유치하기 위해 호주에 지사까지 두게 되었다. 그 덕분에 호주가 금융강국으로 거듭나게 되는 것을 보면서 한국도 퇴직연금 시장이 더 커지고 자금운용을 제대로 한다면 금융 강대국이 될 수 있다는 확신이 들었다.

결국 퇴직연금 참여자들 간의 제대로 된 경쟁이 필수이다. 가입자 즉 근로자를 위한 제대로 된 금융회사들의 경쟁이 따라야 한다는 의미이다.

퇴직연금 관련법을 제정하면서 국회에서 의견이 모아지지 않는 가장 큰 이유 중 하나는 퇴직금의 원금보장이 되지 않는 것에 대해서 누가 책임질 것이냐에 대한 이야기라고 한다. 그러나 근본적으로 이 접근은 잘못된 것이다. 근로자들에게 충분히 기회를 주고 교육을 하여 근로자가 스스로 선택할 수 있는 길을 열어줘야 한다.

근로자에게 제도의 옵션, 위험에 대하여 교육을 통해 충분한 설명을 제공한 후, 근로자가 직접 선택할 수 있어야 한다. 실질적으로 노후준비가 개선되려면 퇴직연금제도의 개혁이 필요하다.

최근에 많이 논의가 되고 있는 디폴트옵션 제도default option•는 개혁의 첫발이라고 생각된다. 금융의 후진성, 부실하고 불안정한 노후준비, 원금보장의 늪, 금융문맹, 저출산에 이르기까지, 이런 게 다 연결되어 있다. 이런 문제에 대해 이제는 정말 허심탄회하게 의논해야 할 때다.

• 퇴직연금 DC형 가입자가 직접 운용 지시를 하지 않아도 사전에 결정된 운용 방법으로 금융사가 투자 상품에 자동으로 투자하는 제도이다.

"한국은 이제 시간이 없다. 패러다임을 바꾸지 않으면
그동안 쌓아온 많은 것을 잃어버릴 수 있다."

4장

새로운 10년의 시작, 이제 무엇을 할 것인가

10

THE BEGINNING OF NEXT 10 YEARS

한국은 이제 시간이 없다

뜻하지 않은 상황을 맞닥뜨리며 온 마음과 온 힘을 다해 일했던 메리츠자산운용을 떠나게 됐지만 나는 지금 다른 꿈과 희망을 생각하면서 다음 10년의 여행을 준비하고 있다. 그 생각을 하면 또 한 번 가슴이 뛴다.

내가 메리츠자산운용을 떠났다는 소식이 알려졌을 때 어떤 매체에서 그 소식을 전하면서 단정적으로 '불명예 퇴진'이라고 표현하는 걸 보았다. 은퇴라는 중요한 결정은 내가 결정하는 것이지 타인이 결정하는 것이 아니다. 고유한 개인의 결정을 함부로 평가하고 재단하는 것은 한국 사회가 가진 편견의 극명한 사례다.

한국에서 은퇴를 언제 할 것이냐는 질문을 던지면 대부분 직장에서 타인의 결정에 의해 물러나는 시점을 이야기한다. 자기 의사보다는 주변의 환경에 의해 은퇴를 결정해야 한다는 것이 참으로 서글프다. 그러면서 다시 한번 마음을 다잡는다. 은퇴 시점은 자신이 결정하는 것이 언제나 옳다.

사실과 다른 가짜 기사들로 인해 억울하고 화가 났지만 어느 정도 몸과 마음을 추스르고서는 이렇게 물러서기보다는 오히려 한국 사회를 지배하고 있는 잘못된 편견, 경직된 문화와 싸워야 한다는 생각이 들었다.

내가 여기서 이렇게 끝나서는 안 되겠다고 마음먹게 된 사연이 하나 있다. 어린 자녀가 있는 어떤 어머니께서 연락을 주신 적이 있다. 어린 자녀는 나를 아주 좋아하는 팬이었는데, 신문 기사로 인해 아이한테 어떻게 설명해야 할지 모르겠다고 하소연하셨다. 그 말씀을 듣고 절대로 여기서 멈추어서는 안 되겠다는 생각이 들었다.

무엇보다 9년 동안 몸과 마음을 바쳤던 나의 노력을 헛되이 하고 싶지 않았다. 개개인의 경제독립을 위해 금융산업이 혁신되고 발전해야만 산적해 있는 대한민국의 난제들이 해결되고 결국 대한민국이 잘살 수 있다는 생각은 메리츠자산운용을 맡았던 처음이나, 퇴임한 지금이나 전혀 변함이 없다.

정말로 아쉬운 부분은 나를 믿고 처음 '투자'를 시작한 많은 분들과 인사조차 나누지 못하고 회사를 떠났다는 사실이다. 많은 한국인들은 주식에 대한 안 좋은 기억들이 있다. 과거에 가족 또는 주변에서 주식에 실패한 트라우마로 인해 오랜 시간 '주식 투자'를 멀리하고 두려워하게 된 경우이다.

그런 그들이 다시 '주식'에 대한 긍정적인 생각을 갖고 노후 준비의 필요성을 인지하도록 하기 위해서는 진심 어린 교육, 다시 말해 많은 정성과 시간이 필요했다. 그런 상황에서 신문의 악의적인 보도가, 그들로 하여금 투자에 대해 다시 부정적인 생각을 불러오지 않을까 걱정이 앞섰다. 아무리 생각해도 이렇게 떠날 수는 없었다.

그런 점에서 2022년 8월 20일은 잊을 수 없는 날이다. 기사가 나온 이후 두 달 동안 중단했던 유튜브 방송을 다시 시작한 날이기 때문이다. 세간에서 워낙 부정적으로 화제가 된 뉴스의 당사자였기 때문에 유튜브를 접한 사람들의 반응이 어떨까 많은 걱정을 했다. 하지만 방송이 끝난 후 놀라울 정도로, 눈물이 나도록 따뜻한 반응을 보여주셨다. 유튜브가 업로드되고 지인으로부터 "98퍼센트가 선플이에요"라는 연락을 받았다.

나에 대한 적대적인 기사들이 그렇게 쏟아졌음에도 불구하고 끝까지 나를 믿어주는 많은 분들이 여전히 기다려주고 있었다. 그 분들이 있기에 '이 사회는 살 만하구나'라는 생각이 들면서 가슴이 뭉클했다. 다시 시작할 수 있다는 확신이 들었다.

내가 보기에는 아직도 한국의 많은 사람들이 금융의 중요성과 가치를 정확히 인지하지 못하고 숱한 편견에 지배당하면서 살고 있다. 아직도 주식투자를 투기로 여기거나 장기투자보다는 단기투자하는 걸 당연시한다. 더구나 금융에 대한 이해 부족으로 노후대책이나 은퇴 준비가 안 되어 있는 현실은 한국이 안고 있는 상당히 심각한 불안 요인이다.

여전히 금융경제교육을 받지 못한 비중이 75퍼센트를 넘어서고(2020년 전 국민 금융이해력 조사, 금융감독원 & 한국은행), 68.6퍼센트의 사람들은 스스로 금융지식이 충분하지 않다고 판단한다(2019년 금융교육 실태조사 보고서). 하지만, 이마저도 노후준비보다는 '대출'을 위해 금융교육이 필요하다고 느끼는 비중이 높다.

또, 한국인의 90퍼센트에 달하는 사람들이 금융 혜택을 누리지 못하는 현실은 어떤가. 여기서 말하는 금융 혜택이란 금융시장에 참여하는 자본가로서 얻는 혜택 즉, 자본이 일해서 받는 배당소득을 말한다. 한국은 여전히 소수의 사람들이 대부분의 배당소득을 차지한다. 상위 0.1퍼센트 사람들의 배당소득이 전체의 47퍼센트를 차지한다. 상위 1퍼센트는 전체의 69퍼센트를 차지한다. 또한 하위 50퍼센트의 배당소득은 전체의 0.2퍼센트에 그친다(2019년 배당소득 자료, 국세청). 자본주의사회에 살면서 자본시장에 참여하지 않는 한 심각한 부의 쏠림 현상을 막기는 어렵다.

경제적으로 어느 정도 안정적인 성장세를 기록한 국가들만이 가입하는 OECD 국가 중에서 한국만큼 국민의 금융자산이 빈약한 나라가 없다. 여전히 부동산과 같은 비금융자산 비중이 지나치게 높고, 남은 금융자산 중에서도 절반가량이 현금 혹은 예금인 수준이다. 이런 상황에서 내가 하고 싶은 것은 금융에 대한 한국 사람들의 편견을 깨서 한국의 금융산업이 조금이라도 더 높은 수준으로 발전되는 데 이바지하는 것이다.

나는 한국과 한국인의 저력을 믿는다. 세계에서 가장 근면한 민족, 높은 교육열, 개개인의 영리함 등이 한국을 위대하게 만들 수 있다. 정말 한국인의 근면성은 세계 최고 수준이다. 내가 여러 나라를 다녀보았지만 한국인만큼 책임감을 가지고 열심히 일하는 국민은 보지 못했다.

물론 관점에 따라서는 상대적으로 많은 노동시간을 지적하면서 노동자의 인권을 환기시키는 입장도 있지만 일을 회피하지 않는 근면함과 열정, 노동에 대해 갖는 숭고한 태도는 그 자체로 뛰어난 경쟁력이 아닐 수 없다.

유대인과 더불어 세계에서 가장 좋은 두뇌를 가진 한국인의 지혜는 또 어떤가. 내가 한국의 미래를 낙관하는 이유가 여기에 있다. 쉽지 않더라도, 난관이 있더라도 금융강국, 금융입국의 가능성에 나의 인생을 바치고 싶다. 다음 세대가 지금 세대보다 더 잘 살게 되는 한국을 만들기 위해 조그마한 힘이라도 보태고 싶은 것이다.

한국 사회는 지금 결코 해결이 쉽지 않은 많은 문제들에 직면

하고 있다. 세계 최고 수준의 저출산, 노후 빈곤율, 빈부격차에 따른 양극화 등이 그것이다. 이처럼 사회가 오랫동안 구조적으로 심화시킨 문제들을 한꺼번에 해결하는 것은 결코 쉽지 않다.

하지만 해법이 전혀 없는 것은 아니다. 경제독립을 위한, 즉 부자가 되기 위한 금융교육이 그 솔루션이다. 개개인의 경제적 독립만이 이 모든 문제, 다시 말해 저출산, 노후빈곤, 빈부격차를 해결할 수 있다고 믿는다.

여기서 확실히 강조하고 싶은 것은 부자가 된다는 것이 단순히 많은 돈을 소유한다는 것을 의미하지 않는다는 사실이다. 부자가 된다는 것은 오히려 돈으로부터 자유로워짐으로써 행복감을 느끼게 되고 미래에 대한 희망을 갖게 되는 것을 의미한다. 그 바탕에는 바로 충분한 금융자산이 필수여야 한다. 금융자산이 확보되면 자연스레 많은 문제들의 답이 보인다.

나는 우리 국민 한 사람이라도 더 많은 금융자산을 갖게 되는 것, 나아가서 부자가 될 수 있도록 돕고 싶다. 국가의 전체 경제규모와 대비해서 국민 개개인의 노후 준비가 너무나도 열악하고 빈약한 나라라는 불명예를 씻는 일에 기여하고 싶다. 2020년 기준으로 우리나라 70~74세 사이 인구의 고용률이 OECD 회원국 중 1위로 나타난 현실이 노후준비의 열악한 현실을 여실히 말해준다.

노후의 생계가 막막하기 때문에, 여유를 가지고 풍요로운 생활을 하면서 삶의 말년을 안정적으로 누려야 할 시기에 생계를 고민하며 손에서 일을 놓지 못하고 있는 것이다. 노후빈곤의 문제는 마치 꼬리에 꼬리를 무는 것처럼 젊은 세대, 자라는 아이 세대에까지 경제적 부담감을 안겨준다.

한국은 이제 시간이 없다. 패러다임을 바꾸지 않으면 우리는 그동안 쌓아온 많은 것을 잃어버릴 수 있다.

John Lee
Next 10 years

한국은 당장 무엇부터 시작해야 하는가

1985년부터 한국과 미국을 오가면서 얻은 경험을 통해 나름대로 생각하게 된, 한국에 절실하게 필요한 세 가지를 강조하고 싶다. 독자들이 꼭 귀 기울여주셨으면 하는 것이다.

첫째로 들고 싶은 것이 금융교육Financial Education의 절실함이다. 한국이 선진국의 대열에서 이탈하지 않고 지속적으로 경제대국이 되기 위해 첫 번째로 필요한 것이 금융교육이다. 한국의 금융문맹율은 심각할 정도로 높은 수준이다. 국민들 대부분이 이 심각성을 모른다는 것 자체에 사태의 심각성이 있다고 할 정도다.

유대인처럼 한국의 아이들도 어렸을 때부터 자연스럽게 금융교육을 받았어야 하는데 너무나 아쉽게도 국민들 대부분의 금융이해도가 낮아서 조기 금융교육은 요원한 일이 돼버렸다. 하루라도 빨리 어릴 때부터 자녀들에게 금융교육을 받게 하고 경제적인 독립의 중요성을 깨닫게 해야 한다. 또한 보다 많은 청년들이 금융업에 진출하는 것이 자연스럽게 이루어져야 한다.

둘째로 들고 싶은 것은 창업정신Enterpreneurship의 절실함이다. 세계에서 창업 비율이 가장 높은 학생들이 이스라엘 학생들이라고 하며 미국도 대학생들의 창업 열풍이 꽤 높은 편이다. 중국도 정치체제는 공산주의이고 사회적 통제가 있음에도 불구하고 창업 선호도가 높다. 하지만 한국과 일본의 창업 선호도는 그 나라들과는 비교가 불가할 정도로 낮은 수준이다. 금융교육을 제대로 받지 않은 결과 위험을 택할 필요가 없는, 월급이 꼬박꼬박 나오는 직업이 안전하다고 받아들인 결과다.

그런데 안정적인 직장을 선호하는 현상이 높아도 너무 높은 게 문제다. 이렇게 될 경우 사회에 역동적인 성장 동력이 사라지게 된다. 한국의 젊은 세대가 모험을 택하지 않고 안정적인 직업을 택하는 데에는 여러 이유가 있겠지만 가장 중요한 것은 어렸을 때부터 점수 경쟁에 시달렸던 탓에 창의적인 사고를 하는 게 어려워졌고 창업 등 새로운 도전이 두렵게 느껴져서이다.

미국의 학생들에게 직업 선호도를 조사해보면 창업, 작은 기업, 대기업, 공무원 순이다. 한국과 일본의 경우는 정반대다. 공무원 선호도가 높고 창업은 엄두도 내지 못한다. 한국의 상황이 정책의 기조에 따라 조금씩 나아지고 있지만 아직도 갈 길이 멀다.

세 번째는 여성 인력 활용의 절실함이다. 국민의 반이 여성이다. 특히 한국 여성은 세계에서 가장 높은 수준의 교육을 받은 사람들이다. 안타깝게도 한국은 아직도 양성 간 갈등이 사회적인 문제가 될 정도로 여성 인력을 제대로 대우하지도, 활용하지도 못하고 있다.

한국의 급속한 고령화와 저출산으로 인한 인구 절벽 위기를 해결할 방법은 적극적인 외국 이민의 개방과 더불어 여성들의 사회참여를 늘리는 일이다. 단순히 승진이나 발탁에서 차별을 없앤다거나 임금 격차를 줄이는 해법으로는 충분하지 않다. 여성 인력의 소중한 가치를 제대로 인식하고 여성들의 창업을 적극적으로 도와야 한다. 치열한 문제의식과 진정성을 갖고 여성 이슈를 다룬다면 한국 사회의 가장 큰 난제인 저출산율 해소에도 긍정적인 효과를 기대할 수 있을 것이다.

내가 살펴보니 한국에서는 젠더 이슈를 남녀갈등 구도로만 보려는 경향이 있다. 그런 관점부터 바꿔야 할 뿐만 아니라 '다양성'에 관한 논의도 필요하다. 남녀 상관없이 누구나 차별받지 않고 기회를 얻어 실력을 발휘할 수 있는 기업이 계속해서 성장할 수 있다는 걸 우리 사회가 증명해야 한다. 실제로 여성인력의 활용도가 높은 기업일수록 유연하고 변화에 강한 것이 사실이다. 투자가들도 여성 친화적 기업에 더 많은 투자를 해야 한다. 이사회에서 여성 비율이 높은 기업의 자기자본이익률ROE 평균이 그렇지 않은 기업보다 높다는 MSCIMorgan Stanley Capital International의 분석도 있다.

여성친화적인 기업의 수익성이 그렇지 않은 기업보다 높다는 건 무엇을 말해주는 것일까.

여성을 차별하는 회사의 경영진은 유연성과 다양성이 필연적으로 취약하기 때문에 회사를 성장시키기 힘들다. 회사가 여성 직원들을 어떻게 대하는지를 보면 그 회사가 유연성이 있는지 없는지를 판단할 수 있다. 회사가 임신한 여성에게 불이익을 준다거나 같은 일을 하는 여성의 임금이 남성에 비해 70퍼센트밖에 안 되는 기업들은 성장 동력이 약할 수밖에 없다.

현대의 기업은 여성 역할을 비롯하여 다양한 관점에서 수익 창출 방법을 강구할 때 훨씬 유리한 경쟁력을 가질 수 있다. 결국 가장 중요한 것은 여성의 역할에 대한 우리의 고정관념과 의식을 바꾸는 것이다.

몇 년 전 외국의 큰 연금재단의 임원이 한국을 방문해 우리 운용팀을 만나자고 했다가 갑자기 취소한 일이 있었다. 그 이유를 알고 보니 자신의 여자친구가 임신을 했기 때문이라고 했다. 여자친구와 태어날 아이를 위해 이 임원은 1년 동안 휴직할 계획이라고 말했다.

우리나라도 진정으로 저출산율 상황을 타개하고 싶다면 수십조의 막대한 예산을 투입할 것이 아니라 여성을 우대하고 존중하는 사회문화, 아이를 낳고 기르는 일의 숭고함을 존대하는 공동체의 분위기를 만들어주는 것이 훨씬 효과적일 거라고 생각한다. 출산율을 올리기 위해 돈으로 해결하는 방법이 불가능하다는 것을 이미 우리는 알고 있다. 기존 관념의 파괴가 필요한 것이다.

한국의 기존 금융회사에서 일하는 여성들 중에는 남성들과 경쟁해서 이겨야 임원이 된다고 생각하는 이들이 있다. 왜 자신이 직접 금융회사를 창업할 생각을 못할까. 자산운용업은 남성보다 오히려 여성이 더 큰 성과를 낼 수 있는 업종이다. 설립 절차도 까다롭지 않다. 미래를 그릴 때 좀 더 담대하고 적극적으로 설계할 필요가 있다.

지금까지 한국에 절실하게 필요한 세 가지로 금융교육, 창업가 정신, 여성 인재의 활용 등을 얘기했다. 이 세 가지는 현재 세계 선진국 권역에서 한국이 가장 낮은 수준인 것이 현실이다. 이 세 가지만 보완되고 개선된다면 한국이 지금보다 몇 계단 더 성장하여 세계를 리드하면서 존경까지 받는 국가가 될 수 있다고 확신한다.

자산운용사 창업을 꿈꾸는 청년들

미국 금융산업의 패러다임을 바꾸고 있는 미국 자산운용사가 헤지펀드 운용사를 포함해 무려 8,000개에 달한다고 한다. 그들이 운용하는 자산 규모는 더욱 놀랍다. 전 세계에서 1위부터 100위까지를 거의 모두 미국 회사들이 차지한다.

미국의 경우 자산운용사 설립을 위해 필요한 자본금의 규모도 놀랄 만큼 낮은 수준이다. 필요 인원도 몇 명이면 가능할 정도로 진입장벽이 낮다. 컴플라이언스, 회계 분야 등은 얼마든지 아웃소싱을 통해 다른 회사에 위탁할 수 있다.

미국은 자산운용회사의 성격이나 역할에 대해 분명한 사회적 합의가 있는 나라다. 은행이나 보험업과 달리 자산운용업은 경영실적이 안 좋아 회사가 망하더라도 투자가들에게 미치는 금전적인 손해가 없다. 따라서 은행이나 보험업처럼 높은 자본금을 갖추어야 할 필요가 없다. 이런 사실에 근거해서 자산운용업에 최소한의 설립 규제를 마련한 것이다.

우리나라도 미국처럼 창의적인 투자 아이디어를 가진 많은 젊은이들이 자산운용업을 창업할 수 있도록 제도적으로 지원을 해줘야 한다. 리스크만 먼저 떠올리며 규제를 강화하고 진입장벽을 높이면 새로운 창의적인 아이디어들이 숨을 못 쉬게 되고 결국에는 먼지처럼 사라지고 만다. 진입장벽을 낮춰주어 새로운 창의적인 자산운용업이 많이 나올 수 있다면 한국이 금융강국으로 성장하는 속도는 엄청나게 빨라질 것이다.

그리고 다양한 인재들이 자산운용사에 도전해야 한다. 스커더에서 함께 일했던 동료들 중에는 축구선수, 학교 선생님도 있었다. 상경계열을 전공한 사람만이 금융사에 취직이 된다는 편견에서 벗어나 누구나 자산운용사를 창업할 용기를 내야 한다.

서울 등 대도시뿐만 아니라 지역 청년들의 자산운용사 창업이 이뤄지고, 그곳에 지역의 자금이 모여서 투자가 되는 선순환 사이클을 만들어야 한다. 그러기 위해서는 지역 기업과 경제를 살리는 새로운 관점과 성장 모델이 필요하다. 이와 관련해 한국의 거의 모든 자산운용사들이 서울, 특히 여의도에 모여 있는 것도 기이하면서도 비효율적인 현상이다.

강조하고 싶은 것은 부동산보다는 다양한 기업에 투자하는 자산운용사가 많이 나와야 한다는 것이다. 현재 한국에는 자산운용사 200여 개가 있는데 대기업 계열을 제외하고는 대부분이 부동산 분야에 편중되어 있다. 이것은 한국 자산운용사들이 결국 부동산 관리를 통해 시세 차익을 기대하는 소극적인 자산운용만 하고 있음을 드러낸다. 이런 상황에서 변화하는 금융 트렌드에 맞는 투자처를 찾고 싶어 하는 신규 고객을 끌어들이는 일은 쉽지 않다.

John Lee
Next 10 years

여성 금융인이 미래다

미국의 학생들이 가장 선호하는 꿈은 월스트리트의 금융회사에 취직하는 것이다. 다른 요인도 있겠지만 무엇보다 월등히 높은 연봉이 그들이 월스트리트를 선망하는 가장 중요한 이유라고 생각한다.

초인적인 업무량이 기다리고 있지만 모두가 그곳을 바라는 이유는 미래가 밝기 때문이다. 연봉이 높은 것도 분명 매력적인 요인이지만 금융업이라는 게 워낙 확장성이 큰 영역이기 때문에 젊은 청년이라면 도전해볼 만한 이유가 충분하다.

한국의 금융산업이 선진국에 비해 상당히 뒤떨어져 있다는 말은 이미 여러 차례 밝힌 바 있다. 한국 대학생들에게 진로에 대해 물으면 금융업에 진출하겠다는 이들의 수효가 상당히 미미하다.

미래에 가장 중요한 산업이 금융산업이 될 것이 분명한데도 이러한 현실이 안타깝다.

앞으로는 그동안의 성장을 이끈 제조업만으로 한국은 국가경쟁력을 유지하기 힘들다. 한국 사람들이 우수한 두뇌를 가지고 외국인들과 경쟁해야 하는 분야는 이제 금융업이 되어야 한다.

나는 여성들, 딸을 가진 부모님들에게 특히 강조하고 싶다. 여성이 적극적으로 금융업에 진출하기를, 무엇보다 자산운용업에 진출해야 한다고 말이다. 현재 금융업과 자산운용업에 진출한 여성의 숫자는 언급하는 것이 의미가 없을 정도로 낮은 수준이다. 하지만 이는 반대로 말하면 한국의 젊은 여성들에게 금융업 진출은 곧 블루오션이라는 의미이기도 하다.

수년 전 유명 여대의 MBA 과정에 있는 학생들 앞에서 강연한 적이 있다. 학장님이 내게 이런 말씀을 했다. "오늘이 마지막 강연입니다. MBA 과정에 금융전공 지원자가 한 명도 없기 때문에 폐강을 할 수밖에 없습니다." 금융지원자가 없어 폐강이 된다는 사실이 너무도 놀랍고 안타까웠다. 나는 여성이 CEO인 자산운용사가 적어도 전체 자산운용사 숫자에서 30퍼센트가 넘는 것을 보고 싶은 꿈이 있다.

미국에 있을 때 많은 여성 자산운용사 CEO들을 만날 기회가 있었다. 그들은 처음 시작할 때 모교의 기금을 가지고 투자를 시작했다고 말했다. 한국도 이와 같은 케이스를 적용할 수 있다. 지금 대학에는 기금들이 아무런 일을 하지 않고 잠자고 있는데, 이 기금을 졸업생들이 자산운용회사를 창업할 때 활용할 수 있도록 지원해줘야 한다. 대학교를 졸업하는 여학생들이 모교 기금부터 관리하고 운용을 한다면 한국의 자산운용업의 큰 변화를 이룰 수 있다고 생각한다.

예일대학교 기금을 운용했던 총책임자 데이비드 스웬슨은 1985년 1조 원으로 시작하여 2020년 약 30조의 자금을 운용하였다. 수익률보다도 중요한 사실은 대학기금을 확장하려는 노력을 하면서 다른 대학들에게도 투자에 대한 교훈을 남겼다는 점이다. 그는 대학기금을 다양한 곳에 투자했으며, 특히 헤지펀드에도 많은 투자를 했다. 또한 비상장기업, 부동산 등 다양한 곳에도 투자를 아끼지 않았다.

미국은 대학의 경쟁력이 결국 돈의 경쟁력이기도 하다. 유능한 학생을 유치하기 위해서는 돈이 많아야 학교시설에 투자하고, 유능한 교수를 임용하고 연구에도 투자할 수 있는 것이다. 운영자금이 많아야 결국 대학도 발전할 수 있다. 대학기금을 어떻게 관리하고 불리느냐가 미국 대학의 경쟁에 있어 중요한 이유이기도 하다.

미국 아이비리그 대학기금은 2021년 기준 1,930억 달러로, 2048년까지 1조 달러에 이를 것으로 보고 있다. 이에 반해, 한국의 4년제 대학기금은 전체 규모가 약 8조 원 수준으로, 하버드 대학기금의 20퍼센트선에도 미치지 못한다. 예일, 하버드를 비롯한 미국의 아이비리그 대학들은 대학기금을 다양한 자산에 분산투자하며, 헤지펀드와 같은 공격적인 투자로 많은 수익을 올리고 있다. 하버드의 대학기금 포트폴리오는 주식과 헤지펀드가 80퍼센트 이상의 비중을 차지하고 있다. 학교 운영자금을 대학생 등록금 수입에 의존하는 한국 대학은, 대학기금마저도 채권과 예금 같은 형태로 투자하고 있어 기금 운용에 대한 인식 변화가 시급하다.

국내의 경우 자산운용 위탁관리를 도입한 곳은 서울대학교, 이화여자대학교, 성균관대학교뿐이다. 국내 대형 사립대학 일부를 제외하면 대학 기금 운용조직은 전무하고 일부 운용을 한다 해도 보수적인 투자에 머무르고 있다.

미국의 아이비리그 대학은 운용 수익을 각종 연구비, 실력 있는 교수 임용 등으로 사용하고 있다. 미국 일간지에서는 미국의 아이비리그 대학기금 펀드들이 높은 투자 수익을 낼 수 있었던 이유를 헤지펀드, 사모펀드 등에 공격적인 투자를 해왔기 때문이라고 분석한다. 학생 등록금으로 장학금을 충당하는 한국 대학들의 모습과는 사뭇 다른 양상이다.

반면 한국의 각종 연기금이나 대학기금 등은 투자에 굉장히 소극적이고, 은행 예금에 들어가 있는 경우가 많다. 2008년 금융위기가 왔을 때 하버드대학교는 별다른 수익을 내지 못한 하버드대학교 기금운용자를 비난하지 않았다. 금융에 대해서 장기적인 안목

아이비리그 누적 기부금

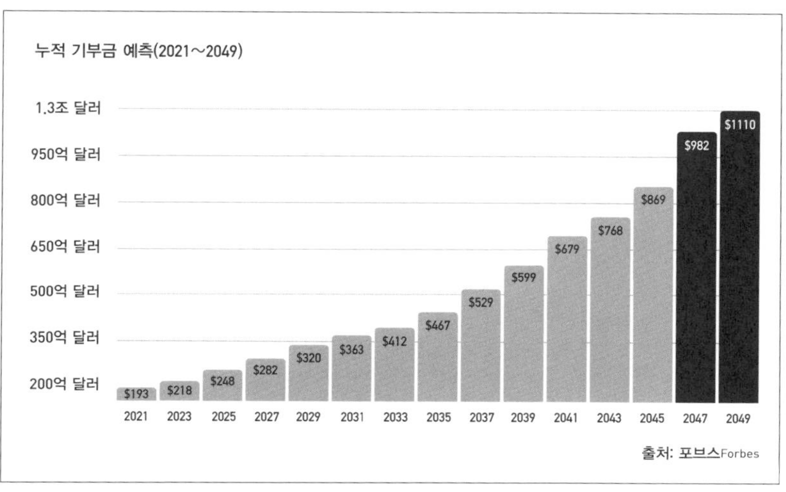

아이비리그 기부금 (2021)

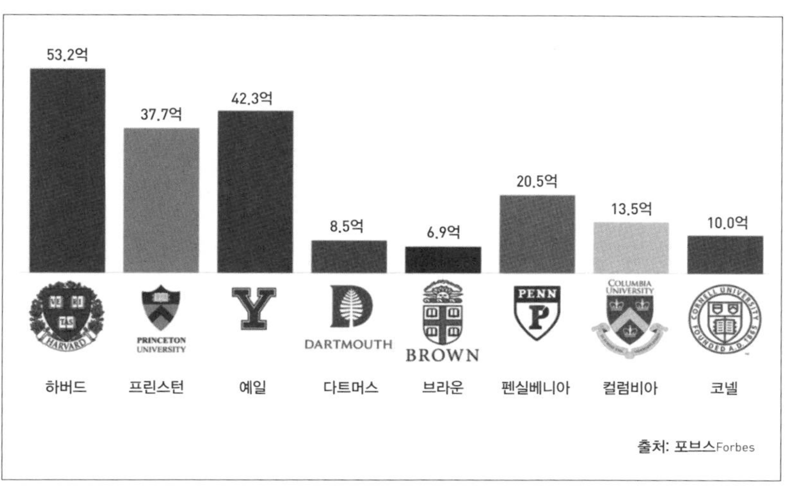

기부 실적

*회계연도 2021

자산 순위	2021년 6월 30일 할당량(%)	투자 수익(%)
공공 자산	14	50
사유 자산	34	77
헤지 펀드	33	16
부동산	5	13
자연자원	1	1
채권/세금	4	3
기타 실물 자산	1	1
현금 및	8	–
계	100	34

출처: 하버드매거진Harvard Magazine

을 중요시 여기는 선진적인 투자 문화가 그들에게는 있는 것이다.

그런데 한국 사회는 시장 상황이 나빠져서 수익을 내지 못한 것조차도 견디질 못한다. 앞에서도 언급한 바 있지만 국민연금을 비롯한 각종 연기금의 규모는 약 1천조에 달하는데, 이중 많은 금액이 투자되지 못하고 그저 잠자고 있을 뿐이다. 이처럼 잠만 자고 있는 안타까운 돈을 깨우는 방법은 여성을 포함한 많은 젊은 인재들이 투자업종 즉 자산운용업의 창업에 나서서 다양한 상상력으로 활로를 모색하는 것이라고 믿는다.

누구나 부자가 될 수 있다는 희망을 주고 싶다

미국의 부자들에 대한 연구 결과를 간략하게나마 소개하고자 한다. 그들은 어떻게 해서 부자가 되었을까? 이 질문에 대한 답을 확인하면서 많은 생각이 들었다. 가장 많은 비율을 차지한 답이 그 무엇도 아닌 '도덕성'이었기 때문이다.

얼핏 연관성이 없어 보이지만 나는 어느 정도 수긍이 간다. 다 그런 것은 아니더라도 내가 고객으로 만난 많은 부자들은 법을 지키고 남을 배려하는 마음이 깊은 사람들이었다. 돈이 많다고 돈이 없는 사람들을 업신여기는 경우를 찾기 힘들었다. 겉으로 보이는 것만으로는 그 사람이 가진 재력을 알기 힘들 정도로 겸손했다. 놀랍게도 미국 부자들이 차고 있는 시계의 평균 가격이 50달러에 불과하다고 한다.

도덕성에 이어 가장 많은 대답이 '호기심'이었고, 그다음은 '일찍부터 투자를 시작한 경험'이라는 대답이 뒤를 이었다. 한국 사회가 당연시 여기는 편견 즉 공부를 잘해서 좋은 학교에 가서 좋은 직장을 얻으면 경제적 풍요로움을 얻을 수 있다는 공식과는 거리가 멀다는 걸 느낄 수 있다. 한국의 부모들이 자녀들을 부자로 만들기 위해선 미국의 부자들이 가지고 있는 세 가지 공통점인 도덕성과 호기심, 그리고 이른 투자 경험이 얼마나 중요한 덕목인지를 먼저 느껴야 한다.

미국의 백만장자들을 연구한 어떤 사람도 개인적인 조사 결과 부자가 된 사람들의 공통점 하나를 발견했다고 한다. 바로 수입의 20퍼센트 이상을 꾸준히 자동이체처럼 투자한다는 것이었다(their money compounded overtime). 다시 말해 꾸준하게 긴 시간을 투자하는 습관이 있는 사람들이었다.

그리고 부자가 되기 위한 자질에는 한국인들에게 특히 필요해 보이는 몇 가지도 있었다. "나를 위해 일하고 싶어야 하고, 불필요하고 사치스러운 소비를 하지 않고, 무엇보다 중요한 것은 실패에만 머물러 있지 않는다는 것." 투자에 있어서 과거의 경험 또는 주변의 투자 실패를 답습하며 과거에 머물러 있는 한국인들을 나는 자주 보았는데, 그들이 부자가 되기 위해 고쳐야 할 답안이 이 연구 결과 속에 그대로 들어 있는 듯하다.

뇌신경학자 조 디스펜자Joe Dispenza는 이런 말을 했다. "과거를 생각하면 과거에 머물게 되고 미래를 상상하면 미래에 살게 된다." 과거를 볼수록 과거를 답습하게 된다고. 미국의 부자들은 예외 없이 미래를 상상하며 미래를 사는 사람들이었다.

한국 사회는 부모의 재력이 없으면 그 자녀 세대도 부자가 되는 것이 불가능하다고 확신하는 경향이 있다. 내가 만난 미국의 부자들은 부모의 도움보다는 자신의 노력으로 부자가 된 경우가 훨씬 많았다. 어떤 사회가 더 정상적이고 건강한 사회일까.

그렇다면 한국의 부자는 어떤 사람인가? 이 책을 읽고 있는 여러분은 부자가 되고 싶은가? 의외로 한국에서는 부자라는 단어에 부정적인 의미가 내포되어 있는 듯하다.

부자라는 의미는 단순히 돈이 많은 사람들만을 일컫는 말이 아니다. 돈으로부터 자유로운 사람들이 진정한 부자가 아닐까? 그런데 돈으로부터 자유롭기 위해서는 그만큼 충분한 돈이 있어야만 한다. 돈이 있어야 자신이 하고 싶은 걸 다른 사람에게 신세를 지지 않고, 타인에게 구속당하지 않으면서 할 수 있기 때문이다.

이를테면 어려운 사람을 도와주고 싶을 때 돈이 있어야 실천할 수 있고, 자신이 하고 싶지 않은 일을 제안 받았을 때 거부할 수 있다.

언젠가 한 교회에 방문해서 노후준비의 중요성을 강조한 적이 있다. 그때 담임 목사님이 "선교는 곧 돈이다"라고 말씀하시는 것을 보고 깜짝 놀랐다. 성직자의 말이긴 하지만 사실상 너무나 맞는 말이었기 때문이다.

내가 미국에서 살던 동네는 부유한 유대인의 비중이 거의 80퍼센트가 넘는 곳이었다. 거의 모든 가정이 자녀, 손자들로 항상 넘쳐났다. 우리나라의 가정에 아이들의 웃음소리가 점점 줄어드는 것과는 반대의 현상이다. 경제적으로 부유하면 미래에 대한 희망이 생기고 그 희망 가득한 삶을 자녀들에게도 물려주고 싶어진다. 자연스레 아이들을 많이 낳게 되는 것이다.

우리나라도 아이들이 일찍이 경제독립을 할 수 있도록 생각과 제도를 바꾸어야 한다. 사교육 등의 방향이 잘못된 소비를 줄일 수 있도록 시험을 과감하게 없애고 아이들의 창의성을 극대화하고 성장 과정에서 행복감을 느끼게 해야 한다. 그렇게만 할 수 있다면 한국은 어떤 나라도 따라올 수 없는 강대국이 될 것이라고 확신한다.

한국 사회에 일찍 경제독립을 한 개인과 가정이 늘어나면 자연스럽게 선한 부자들이 탄생한다. 이 선한 부자들이 또 다른 선한 부자들을 탄생시키는 선순환이 일어나게 되는 것이다. 부정적인 의미를 내포한 부자들이 아니라 선한 의미로 가득한 한국의 부자들이 많아져야 한다.

대한민국 금융강국을 꿈꾸며

나는 여전히 꿈을 꾼다. 무한경쟁의 암울한 현실에서 가혹한 스트레스를 받으며 자라는 우리나라의 아이들에게 희망을 안겨주고 경제적 독립과 더불어 부자의 삶을 실현하는 행복을 선사하고 싶다.

그렇게 하기 위해서 나는 아이들을 대상으로 하는 금융교육 주식강연을 지속적으로 그리고 체계적으로 진행할 계획이다. 여기에는 산후조리원 방문 강연도 포함되어 있다. 이스라엘이 아이들에게 일찍이 돈과 경제에 대한 교육을 시키듯이 우리 아이들이 태어나면서부터 조기에 투자가가 되어야 한다는 게 나의 지론이다.

세계 최강국인 미국의 금융시장을 지배하고 있는 민족이 유대인이라는 사실은 우연한 일이 아니다. 미국의 유명한 금융사들 중다수가 유대인들로부터 시작되었다. 최초의 국제금융그룹인 로스차일드부터 모건 스탠리, 리먼 브러더스, 골드만삭스, 메릴린치, 라자르 프레르, 솔로몬 브라더스 그리고 AIG, 씨티그룹까지 모두 유대인이 움직이는 금융사들이다. 전 세계의 금융뉴스를 전하는 블룸버그Bloomberg 또한 유대인 회사이다. 어려서부터 돈의 가치, 투자와 금융의 의미를 감각적으로 체득했던 것이 유대인들이 세계 시장을 호령하는 이유다.

우리나라는 아이가 태어나면 영어유치원, 일일학습지 등 사교육 준비부터 하는데, 나는 무조건 엄마들에게 아이 앞으로 연금저축 펀드에 가입하라고 권하면서 동시에 엄마부터 먼저 금융 공부를 하라고 설득할 것이다. 출산에 따른 축하금이 들어오면 그것으로 투자를 시작하는 것도 좋은 방법이다.

주부들의 금융교육은 아무리 강조해도 지나치지 않다. 주부들의 금융 지식은 곧 아이들을 부자로 만들고 한국의 지속가능한 미래를 가능하게 한다. 노후의 빈곤도 사라지고, 빈부격차도 완화된다. 여유로운 자산을 확보하게 되면 자연히 결혼과 출산에 대한 고민이 사라진다. 그런 것이 현실이 되게 하기 위해서는, 마치 계속해서 미끄러지며 떨어지는 바위를 굴려야 하는 시지프스의 형벌과도 같은 사교육 투자를 끊는 결단력과 절실함이 필요하다.

앞으로도 유튜브 방송을 정기적으로 진행하고 필요에 따라 다른 기타 매체를 활용하면서 보다 많은 사람들을 만날 예정이다.

이제 메리츠자산운용이라는 무거운 옷을 벗었기에 더욱더 자유롭게 이야기를 할 수 있게 되었다. 지난 3~40년의 시간 동안 금융업에 종사하면서 내가 배운 모든 것을 사람들과 나누려 한다. 그리고 진심을 갖고 내가 지금까지 살아오는 동안 체감한 금융에 대한 철학을 알릴 것이다.

나는 보다 많은 사람들에게 돈이 일하게 하는 방법을 알려주고자 '존 리의 부자학교'를 설립했다.

존 리의 부자학교 첫 번째 프로젝트는 파주의 미래학교에서 패밀리캠프를 여는 것이었다. 가족 단위의 캠프를 계획한 이유는 단순하다. 개개인이 부자가 되려고 노력하는 것보다 가족 구성원 전체가 한마음이 되어 시도하는 것이 훨씬 더 효과적이기 때문이다.

부자가 뒤기 위해서는 돈에 대한 가족 구성원들의 인식이 공유되어야 한다고 믿는다. 개별적인 금융교육보다는 가족을 대상으로 한 금융교육이 선행되어야 한다. 참가한 어린 자녀들이 금융전문가로 성장할 수 있도록 가족 일체가 도울 수 있다면 나비효과처럼 한국의 미래는 훨씬 희망적일 수 있다.

2022년 11월 12일, 파주에서 첫 번째 패밀리캠프의 문을 열었고 감격스럽게도 너무나 많은 분들의 호응이 있었다. 전국 각지에서 가족들과 온 이들이 1박 2일을 보내면서 큰 행복과 희망을 느꼈다. 내 기준으로는 대성공이었다. 전국 방방곡곡에서 참여해준 것이 고마웠고 전 연령층에서 참가해주신 것이 또 감사했다. 비록

1박 2일의 짧은 일정이었지만 많은 참가자들이 가장 의미 있는 여행이었다는 후기를 남겨주기도 하셨다.

창원에서 홀로 참가한 젊은 청년의 사연, 최근에 창업한 젊은 여성의 포부, 어느 신혼부부의 출산과 내 집 마련에 대한 고민, 위탁받은 아이의 경제 독립을 위해 참가했다는 말씀을 듣고는 눈시울이 축축해지는 감격을 느꼈다. 캠프를 마친 후 대부분의 참가자들이 미래에 대한 희망을 갖게 되었다고 말했다. 나 또한 대한민국 금융강국 실현이라는 희망을 갖게 되었다.

이런 희망이란 자산으로 10년의 청사진이 그려졌다. 아, 이것이 내가 할 일이라는 것을 내 심연 깊은 곳에서 다시금 느꼈다. 선하고 맑은 부자들이 계속 나와서 우리 사회를 아름답고 부유하고 서로가 상생하는 사회로 만들고, 모두가 나누고 배려하는 공동체가 되는 미래를 상상만 해도 잠을 이루지 못할 정도로 설렌다.

나는 진심으로 절실하게, 그리고 간곡하게 대한민국이 금융강국이 되기를 희망한다.

2022년 11월 12일 파주에서 열린 '존 리의 부자학교' 첫 번째 패밀리캠프. 전국 각지에서 가족들과 참석한 이들과 1박 2일을 보내면서 큰 행복과 희망을 느꼈다. 캠프를 마친 후 미래에 대한 희망을 갖게 되었다는 참가자들의 말을 들으며, 나 또한 '대한민국 금융강국 실현'이라는 희망을 갖게 되었다.

에필로그

너무 힘든 시간을 지나온 듯했습니다. 아무것도 하지 않고 있으면 너무 힘들어서 무조건 글쓰기를 시작했습니다. 6개월에 걸쳐 지난 9년을 회고하면서 한국 사회의 미래에 대한 나의 생각을 담고자 노력했습니다. 많은 분들의 도움이 없었다면 이 작업은 결코 이루어지지 않았을 것입니다.

한국에 와서 겪지 않아도 될 일을 겪은 나의 아내, 그리고 걱정을 덜어주려고 애써준 두 아들을 통해 가족의 중요성을 새삼 깨달았습니다.

묵묵히 지켜봐주시며 시련을 이겨내는 지혜를 갖게 해주신 오종남 박사님, 용기를 주신 유시호 회장님, 매일매일 성경 말씀을 하루도 빠짐없이 보내주고 기도해주신 송길원 목사님, 주위 사람들에게 나의 억울함을 알리고자 많은 도움을 주신 김상경 여금넷 회장님, 신문에 칼럼을 쓰면서까지 나를 옹호해주셨던 이복실 님, 서스틴베스트 유영재 님, 이은형 학장님, 성효용 교수님, 나의 기억을 되살리기 위해 많은 도움을 준 김혜윤, 그리고 흔쾌히 책의 출간을 맡아준 김영사 출판사. 식당이나 길거리에서 알아보시고 격려를 아끼지 않았던 모든 분들을 만나면서 아직도 대한민국 국민의 따뜻함에 희망을 갖게 되었습니다.

멀리 미국에서 걱정과 격려를 주기적으로 보내주신 김영만 회장님, KPMG의 동료로 홍콩과 싱가포르의 세금 전쟁에 관해 도움을 준 박상환 씨, 혹시 책에 오류가 있는지 세심히 살펴준 후배 데이비드 김 등 일일이 열거하지 못하지만 모든 분들의 은혜는 평생 잊지 못할 것입니다.

2023년을 시작으로 앞으로 10년 동안 많은 분들의 경제독립과 더불어 대한민국을 금융강국으로 만들기 위해 제가 할 일을 생각하면 가슴이 벅차오르는 것을 금할 수 없습니다.

대한민국의 미래를 위해 아이들을 사교육으로부터 해방시키는 일, 젊은 사람들이 건전한 투자에 관심을 갖고 더 나아가 전문 금융인으로 성장할 수 있도록 도와주는 계획도 저를 설레게 합니다.

한 명이라도 더 많은 선한 부자가 나오는 행복한 대한민국이 되는 데 작은 힘이나마 보탤 수 있음을 생각하면 나는 무척 행복한 사람임에 분명합니다.

다시 한번 여러분을 위해 두 손을 모읍니다.

2023년 1월

Mutual Funds/Timothy Middleton

In Korea, Unsettling New Rules

In many ways, South Korea is on an upswing. Gross domestic product has jumped 8 percent this year. Local politics are fairly stable. And stock prices have rallied more than 25 percent since a slump early in the year caused in part by concern about North Korea's nuclear capability.

So why are the closed-end country funds that buy Korean stocks suffering, with some now trading in New York for less than they are worth?

Consider the pending liberalization of local securities laws. The changes could prove a boon to United States investors, particularly the three newest Korea funds, which operate at a disadvantage to the fourth, the 10-year-old Korea Fund.

But for now, the concern about the liberalization has depressed two of the funds and taken the air out of the Korea Fund, which used to trade at huge premiums to its net asset value — the market value of the securities it owns — because it was not easy for foreign investors to get into Korea otherwise; now it trades for about market price.

For Thomas J. Herzfeld, whose namesake investment firm in Miami specializes in closed-end mutual funds, the situation has created a buying opportunity. He recently took a stake in the Korea Equity Fund, one of the newest of the four closed-end Korea funds that trade on the New York Stock Exchange, to take advantage of its 11.8 percent discount to net asset value.

"Our strategy in trading country funds is to buy when there are disasters," he said. Often that means riots, devaluations or coups; here, he pointed to the securities law changes. The turmoil caused by them, however, makes it particularly important for investors to be cautious.

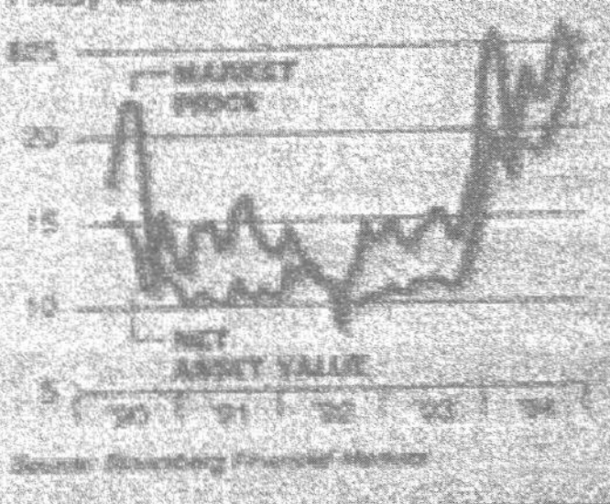

The New York Times

Since Korea opened its stock market to foreigners in 1992, outsiders have been limited to 10 percent of a company's total capitalization. That limit will rise to 12 percent on Dec. 1 and 15 percent next year.

Because of the limit, foreigners have long since bought up the allowable quantity of stock in the best companies. The top five holdings of the Korea Fund, introduced by Scudder, Stevens & Clark in 1984 through a special agreement with the Korean Government, reflects the mal[...]
the Samsung Electron[...]
Mobile Telecom, the [...]
ern Company, Samsu[...]
Insurance, and the Ko[...]
construction concern, [...]

"These are the stoc[...]
rallies, and they ar[...]
difficult for newer fu[...]
Michael Stout, a clos[...]
with Morningstar Inc.,[...]
search company in C[...]
funds can't afford to [...]
premiums that are no[...]
shares available for fo[...]

As a result, the Kore[...]
of the four to be succ[...]
continuously outperfor[...]
posite stock price ind[...]
Friday at $25.25, up 99 [...]
of October 1993.

But in the same peri[...]
rose 98 percent. T[...]
shrinking premium. [...]
year ago, investors w[...]
percent more than the[...]
it; now the premium [...]

Of the other three fu[...]
Investment Fund, m[...]
Capital Managemen[...]
record. Its net asset v[...]
since the end of Octobe[...]
same stretch, its pri[...]
percent, to 12.875. It ha[...]
of 8.1 percent to net a[...]

The Korea Equity [...]
Nomura Capital Man[...]
largest discount, at 11[...]

The newest entry, F[...]
Fund, was started [...]
aggressively sold [...]
closed on Friday at [...]
percent, despite bein[...]
negatives as the othe[...]

John J. Lee, manag[...]
said the current skep[...]
ed. "A similar thing [...]
1991, before the mark[...]
said. "People though[...]
buy Korea Fund, bu[...]
difficult it is to inves[...]
to a premium in our [...]

Two stocks, Kore[...]
Pohang Iron and S[...]
Korea play on the N[...]
ican depository rec[...]
ended funds that s[...]
Kim have taken pos[...]
ing investors with d[...]

Mr. Lee said he w[...]
has really regained[...]
Far Eastern marke[...]
four years," he sa[...]
Korean companies [...]
facturing plants in [...]

"Korea could be [...]
ficiary of China's de[...]

Timothy Middleton is a financial writer in Short Hills, N.J.

Manager's Profile/Timothy Middleton

John J. Lee

Fund: Korea Fund Inc., $720 million in assets. Manager since December 1991. (Sponsor: Scudder, Stevens & Clark, New York.)

Born: Feb. 27, 1958; Inchon, South Korea.

Education: Economics, Yonsei University, Seoul; B.S., accounting, N.Y.U.

Last vacation: Three-day honeymoon in September on Cheju Island, Korea.

Fund performance: Year ended Oct. 28 (net asset value): +96.65% (all Pacific Asia funds: +23.56%); three years, annualized: +31.74% (+23.56%).*

Korean stock market view: ♣♣♣ (self-rating; ♣♣♣♣♣ = most bullish).

Stock pick: Korean Mobile Telecom, the monopoly provider in a market growing at 70 percent plus.

Current strategy: Over-weighted in heavy manufacturing, including autos, machinery and ship building; adding selectively to financial stocks.

*Source: Morningstar Inc.